連接兩個世界的聲音

香港口述影像十年

徐婉珊——著
香港盲人輔導會——策劃

二〇一八年八月，「口述影像電影新里程暨《逆流大叔》電影欣賞會」。

二〇一七年十一月，義工關恩慈在戲院為電影《拆彈專家》現場口述影像。

二〇一四年六月，視障參加者與義工乘坐通天巴士，夜遊熱鬧的彌敦道和駱克道，體驗香港本土的霓虹文化。

二〇一八年八月，彭晴（左）與視障觀眾鄭惠琼（中）和她的丈夫陳祥榮（右）在「口述影像電影新里程暨《逆流大叔》電影欣賞會」上聊天。

二〇一八年十月，蘇玉華為電影《翠絲》預錄口述影像。

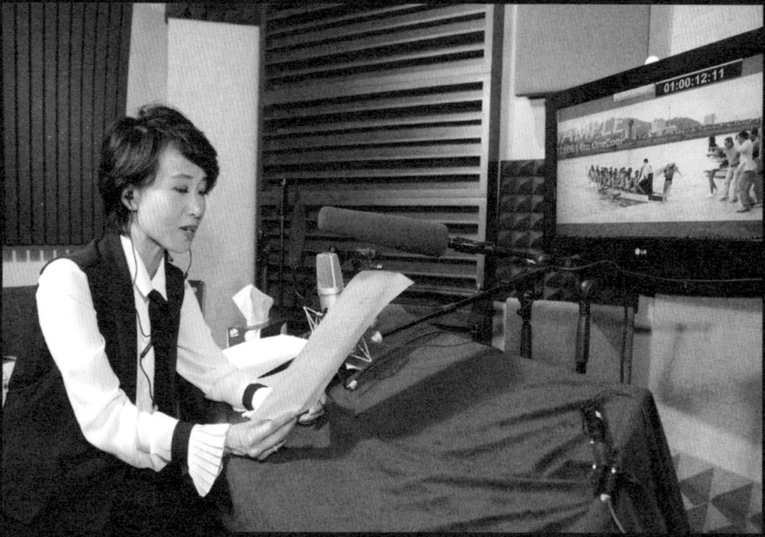

二〇一八年七月，彭晴為電影《逆流大叔》預錄口述影像。

二〇一四年六月，巴士夜遊活動前的簡介。視障參加者胡贊容（左一）與義工李煥紅（中）及苗詠詩（右一）一同觸摸霓虹光管。

二〇一九年三月，虎豹樂圃口述影像參觀活動。

目錄

序一

羅德賢
香港盲人輔導會主席

為豐富視障人士的文化及娛樂活動，本會自二〇〇九年三月開始提供電影口述影像服務。後來，本會把口述影像服務擴闊至多項文化及娛樂活動，包括：舞台表演、戶外遊覽以及參觀博物館等。十年間，本會共舉辦超過三百場電影欣賞會及六十多次參觀活動，參加總人次接近一萬八千人。

本會能夠由舉辦小型電影放映會提供口述影像服務，發展到今日戲院上映的電影載有預錄口述影像聲道，實在有賴社會各界鼎力支持。二〇一一至二〇一二年期間，承蒙商務及經濟發展局轄下之創意香港撥款，與本會合辦「香港電影口述影像發展計劃」，培訓口述影像人材。我們邀請了美國資深口述影像專家 Joel Snyder 先生以及台灣趙雅麗博士來港主持「專業口述影像訓練工作坊」，參加人數達一百三十一人，為本會的專業口述影像服務打下殷實基礎。二〇一六年，本會再得到創意香港資助，於第四十屆香港國際電影節舉辦電影《點五步》首映時，為電影業界、社會服務界及支持口述影像的人士安排了一場附設口述影像服務的電影欣賞會及一場口述影像交流會，讓他們了解電影口述影像服務。於電影節期間本會亦舉辦了四場公開放映會，向大眾推廣口述影像服務。

二〇一二至二〇一七年期間，本會得到香港公益金資助「視障人士口述影像服務」計劃，使口述影像服務得以持續發展。本會亦獲得太古集團慈善信託基金資助，由二〇一七年五月開始為期三年的「奇妙的聲伴瞳途：口述影像之旅」計劃，使口述影像服務繼續向前邁進。

二〇一八年八月二日，本會在太古集團慈善信託基金的贊助下，與天下一電影發行有限公司及 UA 院線合作，舉辦「口述影像電影新里程暨《逆流大叔》電影欣賞會」。這是全港首套於戲院上映載有預錄口述影像的電影，為香港的無障礙電影開創先河。

UA 院線自二〇一一年開始，為本會舉辦的放映會提供場地及音響支援。二〇一八年，UA 院線率先在青衣城及銅鑼灣時代廣場的旗下戲院安裝口述影像設施。及後，在九龍灣國際展貿中心的 The Metroplex 星影匯及新城市廣場的 MCL 院線 MOVIE TOWN 亦相繼安裝有關設施，使視障人士有更多戲院選擇。

本人代表香港盲人輔導會，感謝商務及經濟發展局轄下之創意香港、香港公益金以及太古集團慈善信託基金的支持，讓本會在過去十年發展多元化的口述影像服務，為視障人士提供更多文化及娛樂項目。本人亦要多謝本會義務口述影像服務顧問楊吉璽先生，以及口述影像義工們的無私付出，使本會的口述影像服務發展邁向專業化。

截至二〇一九年六月，本會先後為二十張電影光碟、三套首輪電影以及 ViuTV 兩輯電視節目錄製口述影像聲道，務求在文化及娛樂活動的多個層面為視障人士提供多元化服務。本人在此衷心感謝多間電影公司以及 ViuTV 支持這項服務，希望有更多電影公司、電影院、電視台、網絡點播平台、劇院以及博物館等加入口述影像服務行列，使視障人士的文化及娛樂活動更加多姿多采。

本人希望政府能夠繼續支持及推動口述影像服務，使視障人士可以無障礙地平等參與文化及娛樂活動，建構共融和諧的社會。

序二

香港盲人輔導會行政總裁
譚靜儀

不經不覺，香港盲人輔導會發展口述影像服務已達十年，這是回顧與反思的時候。為過去的發展歷程作記錄，也許可啟發未來的發展方向。十年人事幾番新，有些當年積極協助我們推展口述影像服務的重要人物已經離開了他們的工作崗位，展開了人生新的一頁，但我們仍然沒有忘記他們的貢獻。

本書作者徐婉珊小姐訪問了多位在過去十年間積極參與推廣口述影像服務的重要人物，其中包括電影業界人士、政府部門官員、口述影像義工，還有幾位不同年齡、不同視力情況（先天、後天視障）之人士，嘗試重塑香港盲人輔導會十年來口述影像服務發展的歷程，以及這項服務對視障人士社群帶來的轉變。

為一齣電影提供口述影像，義工所花的時間，不單止是播放電影當日的九十分鐘，事前的準備功夫更是以數十倍計。口述影像義工需要不停重看電影、撰稿並且反覆練習。他們平均要花上五十小時，才能準備好一齣九十分鐘的電影。遇上時空穿插、動作場面較多的場面，他們花的時間就更多了。如果是戲院的電影欣賞會，義工更需要在深夜或早晨時間到戲院綵排。

至於參觀展覽的活動，口述影像義工需要進行場地考察、資料搜集、跟中心職員一起規劃參觀路線，以及設計活動流程。到活動當日，義工亦不是照本宣科，而是根據參加者的反應以及興趣，臨場調節口述影像內容，要求相當高。有時出現突發情況，義工更需隨機應變。

我們十分幸運遇上了這一班口述影像義工。他們不怕勞苦，用心服務視障人士，我在此衷心感謝他們的無私付出。

這項服務的無名英雄，還包括在活動中與視障人士同行的義工。當大家都在欣賞電影、戲劇或者投入在活動當中的時候，這一班義工卻需要協助活動進行，又要不時留意四周，如發現需要協助的視障朋友，即時伸出援手。除此之外，本會訊息無障礙中心的同事，由構思籌備以至活動當日，都付出不少心血。他們的熱誠、衝勁以及迎難而上的精神，是推行優質服務的其中一個重要關鍵。本人亦趁此機會一一致謝！

每個階段，都有不同的人在他們的崗位上發揮著重要的力量。口述影像服務的成功，是由一大班熱心人士努力貢獻的成果。我們希望可以透過這本書，讓過去付出很多時間參與口述影像發展的人士可以留下足印，也希望關心及有意推展口述影像的朋友們可以從這本書中得到啟發。祝願口述影像服務邁進另一個光輝十年！

引子

口述影像的理想狀態——平常、日常、家常

「有時我們需要的是在生活中製造更多共同話題。看不到的人更加想知道看得見的人發生什麼事，有什麼有趣事物正在流行。喂，最近有哪本漫畫好看？你說見到一位美女，她長相如何？又例如廣告，描述廣告是很好玩的。每年的萬聖節我們也見到羅蘭姐[01]扮鬼，很恐怖，如何恐怖？」——自嬰兒時期失明的冼頌恩。

宴請不懂中文的外國人，體貼的主人家會安排現場翻譯；如果邀請視障親友參加婚禮，安排一位觀察入微、口齒伶俐的人在場描述儀式進程也應該是很自然的事吧。二〇一八年結婚的黑暗劇場創辦人陳衍泓就為自己的婚禮安排了現場口述影像服務，這就是香港口述影像發展的成果：由最初體驗口述影像的驚喜、激動到今天的習以為常。

「對視障朋友來說，最理想的情況莫過於無論走到哪裡，只要想看就能開出口述影像。就像現時的流動上網服務，人人也視之為輕鬆平常的事一樣。當然我們離這個理想仍然很遠，但是

比較十年前後，看得出口述影像服務正慢慢地在香港普及。」香港盲人輔導會訊息無障礙中心經理陳麗怡說。

二〇〇九年，香港盲人輔導會舉辦了第一場設有口述影像[02]的電影欣賞會，播放由劉德華、舒淇主演的喜劇《游龍戲鳳》。完場後，其中一件很多在場人士做的事就是擦眼淚。當日負責「講戲」的彭晴憶述：「會員很開心，有些更不停拍掌。『好耐無睇過戲啦，我宜家好開心呀。』『我終於重拾返睇戲嘅樂趣，多謝你呀。』聽到他們這樣說的時候，我自己也忍不住掉眼淚。」

事後，有觀眾寫了一首打油詩寄給香港盲人輔導會：「無緣電影三十年，電影導賞遲未見，千呼萬喚始出來，從此運澄次次來。」此詩出自四十多年前因車禍而失明的會員張運澄。張運澄曾經是電影迷，但失明後的三十多年，他在未有口述影像服務之前都沒有再踏進電影院，亦未完整欣賞過一部電影。

十年過去，口述影像已經成為本地視障人士生活的一部分。看電影、觀賞舞台劇、逛博物館、旅行觀光都是他們的日常娛樂。

患有視網膜退化的鄺美儀覺得自從有了口述影像服務，她也忙碌起來：「今年（二〇一八年）才過了三個月已經看了四套電影，未來兩週又會入戲院看戲。參加這些活動我可以跟志趣相投的朋友見面，問一句『大家下週去看戲嗎？』看完戲再相約吃飯。又認識了很多義工朋友，豐富了生活和社交。而且看戲真的能擴闊眼界與視野，譬如看《出貓特攻隊》會認識到一點泰國文化、考試制度；看《軍艦島》會知道一些韓國的歷史。」

「我們到訪戲院、劇場其實亦是一個機會讓大眾知道視障人士跟大家一樣，有我們的生活、我們的興趣。我覺得這是很好的公眾教育，讓大家知道不論能力如何也可以參與社會上的各類活動。」鄺美儀說。

雖然口述影像服務仍未普及至可以讓視障人士隨時打開電視、進入任何一間戲院便能享受得到，但是在服務視障人士團體的努力推動下，香港娛藝（UA）院線旗下兩間戲院[03]已於二〇一八年五月開始提供視、聽障輔助裝置借用服務，其他院線也陸續加入口述影像的行列。本地第一齣在首輪放映已設有預錄口述影像的電影《逆流大叔》亦已於同年八月上畫。

現時部分戲院也接受服務視障人士的團體包場舉辦口述影像電影活動、少數電視節目已配有口述影像聲道[04]、一些走得較前的電影公司也會在部分電影鐳射光碟（DVD）內附上口述影像聲道[05]。公營的香港電台也在二〇一三年開設節目[06]，播放口述影像電影或舞台劇。視障人士在飛機上也能選擇收看配有粵語口述影像的電影[07]。

口述影像在香港的發展始於電影及舞台表演節目，但並未局限在表演類活動。二〇一二年，香港盲人輔導會開始正式擴大口述影像的應用到參觀活動。例如組團帶會員到濕地公園、

香港第一齣在首輪放映已附設預錄口述影像的電影《逆流大叔》在二〇一八年八月上畫。圖為「口述影像電影新里程暨《逆流大叔》電影欣賞會」大合照。

乘坐電車遊港島、參觀電台、博物館等。在參觀活動中，除了一般講解歷史及背景資料的導賞服務外，會方會另外安排口述影像員邊行邊講述四周景物、讓會員觸摸部分現場的物件或準備一些可以觸摸的模型。

「一出天水圍站就會見到聚星樓，挺方便的。聚星樓的其中一個特色是窗戶的形狀每層也不同……」在一個參觀消防及救護教育中心暨博物館的活動上，先天失明的黃清金口若懸河地與友人分享她上週參觀屏山文物徑的所見所聞。如果只聽對話，很難察覺黃清金是失明人士。「參觀活動很受歡迎，很多時要抽籤中了才可以參加。不過如果沒有口述影像，就好像普通行街一樣，沒什麼意思。正如剛才我們上洗手間經過驗眼診所大堂，我只是聽到很吵，義工不說我也不會知道那兒坐滿了等驗眼的人。」黃清金說。

現時除了香港盲人輔導會外，香港展能藝術會亦有提供各類視覺藝術活動的口述影像服務。二〇一五年成立的香港口述影像協會亦曾得到政府社創基金資助，提供博物館口述影像服務。

網上電台D100主持郭寶兒（Polly）在訪問口述影像義工及服務使用者時，提到口述影像是一個平權與個人充權的過程。「同等地享有一些不同的生活體驗，也是對一個個人身份的尊重、肯定與認同。我們每一個也是一個個體，而且是平等的個體，這是一個重要的概念。」

真的，能夠自由體驗生活對所有人也重要，包括你與我。

01 羅蘭，原名盧燕英，香港女演員。

02 香港盲人輔導會在二〇一一年才將其 Audio Description 服務定名為「口述影像」服務，初期稱作「電影導賞」。

03 UA 青衣城及銅鑼灣時代廣場戲院。

04 香港第一個配有口述影像聲道的電視節目是 ViuTV 在二〇一六年播出的《暗中旅行》。

05 截至二〇一九年六月為止，已經有二十部香港參與製作的電影鐳射光碟（DVD）附有口述影像聲道。

06 《光影無限 Like》。

07 二〇一九年一月開始，國泰航空有限公司的航班會提供配有預錄粵語口述影像的電影供乘客收聽。

第一章

重疊的經驗，個別的故事

experience

CHAPTER 01

在芸芸復康設施及服務中，
口述影像算是比較容易讓一般人領會的一種。
正因為這樣，說到用家體驗，
傳媒與大眾很容易產生公式化的想像：
「我從來沒想過自己會入戲院看戲，
現在我可以約親友看電影、參與討論劇情、
明白別人口中的電影隱喻……」
沒錯這的確是很多視障用家的心聲，
也是頗準確的概括。
只不過在自由體驗生活的道路上，
除了重疊的經驗，還有個別的故事。

口述影像對用家的影響說大不大、說小也不小。正如作家盧勁馳所說：不看戲不會死，只是比較沒趣而已。不過如果你知道盧勁馳花在推動口述影像服務上的時間、心機就會明白，他口中的「比較沒趣」絕不輕描淡寫。盧勁馳患上怕光怕聲的神經過敏症，長年受神經敏感的痛楚纏繞，他卻從二〇一二年至今擔任香港盲人輔導會（下稱「盲人輔導會」）訊息無障礙中心用者委員會委員，每季出席檢討會，經常就口述影像發展給予意見。他在網絡傳媒立場新聞的自我介紹中說自己：熱愛以視覺媒介相關的一切藝術形式。

何睿知從小就有私家口述影像員媽媽陪在身邊，殘忍一點說，可以說是不幸中之大幸。可要是父母永伴身旁，孩子焉能獨立高飛？如果你跟我也成為他的口述影像員，何媽媽豈不鬆一口氣？

吃下口述影像這「翻譯年糕」之前，鄭惠琼跟家人之間好像隔了一塊磨砂玻璃，一起走到最旺街角卻形同陌路，你不說時我不問。口述影像不止是鄭惠琼的復明劑，更是與家人的共同話題。

冼頌恩與游偉樂是一般人眼中的叻仔叻女，大學畢業、有穩定工作、最犀利是夠膽放棄工作去追夢，偏偏有些人將他們歸類為非普通人。跟每個人一樣，他們想要的只是自然相處、平等互動。

聽七十歲的張運澄說故事可以略略了解七、八十年代香港視障人士的生活與就業：二十出頭的Line長[01]風華正茂，一場車禍後永久失明，但張運澄頻說自己「好彩」，更兩次成功轉型，現在最希望家中外傭能為他口述影像。

由失去視力的一刻開始，李啟德覺得很多事情從此跟他絕緣。他要主動出擊，尋回「關我事」的生活內容：做義工、聽新聞、做運動、觀賞電影看話劇，總之自己需要自己求。

以下就是他們各自的故事：

鄭惠琼——他們漸漸也學會了為我做口述影像

四十歲視力才出現問題，眼前好像隔了一塊磨砂玻璃，白濛濛如在霧中，如果有一個黑影在跟前，三、四呎之內會見到，但眼耳口鼻就看不見。育有一子一女，五年前榮升祖母。

鄭惠琼第一套看的口述影像電影是《游龍戲鳳》，彭晴做的口述影像。

「那時候我已經看不見十二、三年，自從失明後我再沒有進戲院看過戲。以前我也喜歡看

鄭惠琼一家也喜愛彭晴的電影口述影像。圖為香港盲人輔導會的「口述影像服務十週年誌慶晚會」合照，左起：鄭惠琼兒子陳嘉康、彭晴、鄭惠琼以及她的丈夫陳祥榮。

戲，暑假會帶小朋友看卡通片、也會在電視上追劇，但看不見之後就對電視完全失去興趣。因為家人邊看邊笑，我問他們有什麼好笑，他們說到一半又忍不住『卡、卡、卡』笑起來，於是我又問：『你笑什麼呢？』不斷要問人笑什麼的時候，別人看得不痛快，自己也覺得沒意思。以前很多喜歡的節目如《笑聲救地球》等，有阿燦（廖偉雄）有曾志偉，漸漸都沒興趣看了，家人看電視我就自己回房聽收音機，因為即使騷擾了他們自己也不能完全明白。

「後來聽見有電影導賞，儘管去聽聽。咦，好像真的明白多了。雖然未必百分之百看得懂，但起碼有六、七成。如果沒有中間人提點，電影無聲的時候根本完全不知發生什麼事。我試過跟女兒去看電影，坐在戲院從頭到尾也沒看懂過。自從有了口述影像，看戲的興致又回來了。當時好開心，每逢有戲就會去看。」鄭惠琼娓娓說來，頗有雨過天青的感覺。

第一次的《游龍戲鳳》鄭惠琼獨自觀看。後來盲人輔導會在放映會上安排了座位給同行者，鄭惠琼便邀請丈夫、兒子同往，結果是一家老少齊齊愛上口述影像。

「盲人輔導會一般只允許帶一位同行者，但有一次看《拆彈專家》可以帶兩個，可能是戲院較大吧。我跟丈夫及兒子一起去，真的很開心，一家人看完戲再去飲茶、行商場。平日沒有這種機會。」鄭惠琼說得眉飛色舞。

鄭惠琼說，結伴看戲的另一個感動位是家人會主動幫助視障朋友：「他們跟我出席活動會主動帶視障朋友上洗手間、為他們夾菜。這是我從來沒有吩咐過他們做的。」

體恤口述影像員辛勞

鄭惠琼的兒子陳嘉康第一次看的是彭晴講的《葉問》。

「電影本身好看，彭晴簡直不可思議，講得又快又準，追得到畫面。那次真的開了眼界。例如以往甄子丹打架我只會說他在打架，原來可以說：『攞件皮褸揈（粵音 fang4）佢哋』[02]、『用支棍左手扑、右手揈』[03]。

「我覺得口述影像這個方法幫到媽媽之餘亦幫到我。首先我不用邊看邊為她解說，又能透過口述影像看到一些自己忽略了的細節，而且我講得沒有彭晴那般好。」陳嘉康說。

他發現口述影像其實頗難，「口述影像員花那麼多時間去寫稿、練習，如果只能做兩三次，惠及數十人、百多人，是付出跟回報不成比例。不錄音的話太浪費了。」他說。

鄭惠琼的丈夫陳祥榮直言，即使口述影像服務要收費也不打緊，只希望多些電影能夠提供口述影像。

「我最有印象就是陪她看《五個小孩的校長》，口述影像員梁嘉賢做得好，追得到個畫面，效果很好。我們不介意付費，盲人輔導會做這些也要成本，如果能夠訓練多一些口述影像員，可以試試由兩位口述影像員講一齣電影，像即時傳譯一樣，輪流一人負責一段，這樣他們可以中場休息一下，不用從頭講到尾那麼辛苦。」陳祥榮豪爽地說。

彭晴是鄭惠琼一家最喜愛的口述影像員。說起彭晴，鄭惠琼立即變身粉絲：「她真的很犀利。那天看完《游龍戲鳳》我跟她聊天，她說準備一套戲要看很多次。當時有人問我們的感受，我說我已經十幾年沒看過戲，很開心能再看電影，結果講完之後在場有幾個觀眾也開始喊，彭晴更加喊到『啡啡聲』。她沒想過原來看戲對我們來說是這麼美好的一件事。

「我告訴她以前看不見的時候，電影對我根本沒有吸引力，但有了口述影像，她說得仔細時，我可以想像，因為她一邊講我腦袋也一邊在動、在思考。後來有一次我在上環文娛中心看話劇碰見她，她仍然認得我。」鄭惠琼說得高興。

鄭惠琼說除了新戲、大製作之外，也會想看舊片。「我們懷舊，覺得一些經典電影例如任白戲寶，也很值得做。」鄭惠琼現在最懷念是年輕時看過的經典電影《仙樂飄飄處處聞》。

口述影像總動員

口述影像帶給鄭惠琼最大的驚喜是家人們漸漸學會為她講東講西。「譬如逛街，我先生會邊走邊講：這間舖頭賣什麼、那間又做什麼，或者這兒以前是什麼舖頭，現在拆了、改建成了什麼，其實就真係好好。以前最憎跟他們逛街。成日都話出旺角行吓，我話行咩呢？有咩好行呢？我又睇唔到。」[04] 鄭惠琼說這是口述影像服務的經驗影響到他們：「之前從沒想過他們會這樣做。」

兒子笑言當初真的沒想過口頭描述可以如此仔細：「以往見店舖就說店舖，見火車站就說火車站，不會描述太多。如今見識過口述影像，會嘗試同樣做。以前你給我一張圖，我只會說自己見到什麼、覺得這是什麼；但其實別人看到的未必相同，而媽媽需要知的亦可能不同。以巴士站為例，現在我會講這是往上環方向、有什麼路線的巴士停站。」

常常陪伴鄭惠琼乘車的丈夫也不再在車上打瞌睡了：「因為發覺她坐車的時候看不到窗外會很悶兼失去方向感。現在我會跟她講沿途風景。在市區的話會告訴她有什麼店舖，我年紀也不小，知道那些舖頭以前的樣子……我不睡不打緊，讓她知道車駛到哪兒、有方向感會舒服些。「車駛至旺角我會說『現在向東行，去到彌敦道與亞皆老街交界，九龍滙豐中心』，她會有印象、可以回想從前的生活。後天失明的人一定會有印象。她在灣仔成長，經過電車路，我會講兩旁的景物：龍門酒樓、修頓球場、她的舊居等等。」聽到陳先生的話，連我這個旁觀者也覺得好甜。

對於丈夫的細緻描述，鄭惠琼說永遠不會覺得太仔細：「因為自己看不到，不說我不會知，多說我才能知道更多。也是一種溝通，你不說我不問，可能全程大家都不出聲。他說有棟樓拆了，我會追問：拆了變成什麼？於是話題也多了。」

鄭惠琼現在家中看電視也會有口述影像服務。「只要我知道那位明星的名字就會告訴她，有時她也會問：這聲音是誰？是否劉德華？見到新晉歌手也會跟她說，讓她追上時代的脈搏，不會 out（過時）。」陳祥榮自豪地說。

雖然家人已經很努力，鄭惠琼仍然覺得有精益求精的空間：「我要他們去報名盲人輔導會特別為視障人士家人及朋友舉辦的口述影像訓練班。就像口述影像員受過專業訓練，真的會講得比較仔細。」

濕地有蠔殼，紅葉上廁所

鄭惠琼最喜歡的口述影像活動不是看電影，而是後來盲人輔導會開發的參觀活動。

鄭惠琼去過許多次濕地公園，卻從來不知道那兒有蠔殼牆屏風、不知有些紅葉藤會爬上廁所屋頂、也不知紅葉的針跌落水會自己長一棵新的出來。這些都是她從口述影像活動中得知的。「我跟別人去，人家只會叫我跟大隊走，最多告訴你前面有條橋，去完也不知四周環境。」她說。

「有一次我跟盲人輔導會到沙田的博物館看蒙娜麗莎[05]，去完再與女兒同往，我可以反過來告訴她：大衞像身後有串提子。原來她並沒留意。反而我們有口述影像，就很清楚知道展品的內容，例如有一塊掛氈上有婚宴圖案。這個服務對我們來說非常好。」鄭惠琼說時不無自豪。

何睿知——可能我說話、思想會沒那麼自由

慢性青光眼患者，二十三歲，剛大學畢業，半職在心光學校做培訓、行政工作，同時在其他機構當自由身培訓導師，教授團隊精神和抗逆力。考 DSE（香港中學文憑考試）

的時候要用放大機，現在亦只能通過放大機閱讀一些印刷字，看不到路牌。工商管理系碩士畢業的媽媽李鳳儀在他約一個月大的時候發現他的眼疾，遂於數月後辭去工作全職照顧他。

何睿知應該是最能體驗口述影像威力的視障者，雖然他在十六歲那年才第一次看正式附有口述影像的電影，但從小他身邊就有一位私家口述影像員。

「睿知六個月大我就沒有上班，我讓自己去做他的眼睛，將他看不到的事情告訴他，讓他覺得其實世界是美好的，即使很多事物他看不到也可以很精彩、有很多方面。所以我無論走路或做事的時候也會盡量去涉獵四周的事物告訴他。」李鳳儀說話不疾不徐，聲音冷靜而溫柔。

李鳳儀記得何睿知還小的時候，自己曾經用中國銀行標誌做測試，練習如何向兒子描述事物。

「當我知道自己的小朋友是這個情況、我要做（代替他的眼睛）這個工作，就會隨時隨地都在想如何去描述一些事物給他聽。有一次我自己乘車，他不在身邊，見到車窗外的中銀標誌，便試試想出一個又動聽、又能在短時間內將這個標誌描述得精準的方法。」後來李鳳儀真的有跟兒子描述中國銀行的標誌。

何睿知（左）與他的私家口述影像員李鳳儀。

「我忘了他當時是否已經懂得寫個『中』字，假設他未懂吧，但他應該已有一些基本概念認知，例如長短、輕重、長方形、正方形等，我記得我跟他說是一個圓圈，裡面有一個橫放的長方形，長方形的上面跟下面都有一條直線打直連住個圓圈，我通常會一邊講一邊拿著他的手寫在他另一隻手掌上，這樣他會明白些。」李鳳儀邊說邊比劃。

「自己要去選擇什麼是重點，什麼值得在短時間內告訴他、讓他掌握得到，什麼是不說也無妨的。日子久了會更加懂得從他的角度看自己講的有何不足。」李鳳儀其實已經說出口述影像技巧的重點。

回不了頭的初體驗

既然家中已經有一位盡心盡力的口述影像員，何睿知應該不假外求吧。

「當初知道有關電影口述影像服務的時候的確沒有特別興奮，當時認為自己既然是視障，『睇戲』就與我無關，我不相信口述影像（當年叫電影導賞）對我有幫助，因為我只能聽到聲音、感受氣氛，倒不如聽廣播劇。我有個前設，戲是很難明白的，視障人士是看不懂的。」何睿知說。

他這樣說不無理由。因為在之前的媒體訪問（包括這一本書的訪問）中，何睿知也提過與家人觀看電視重播喜劇《半斤八両》的事。據何睿知說他大概明白劇情，但是發現自己笑的次數明顯比家人少。

何睿知年紀很小的時候曾經在戲院看過動畫，但就未看過真人演出的電影。二〇一一年十一月盲人輔導會播放的《父子》是十六歲的何睿知人生第一部主動要求去看的電影。「當日純粹是太過空閒，抱著『試一試，最多浪費三小時』的心態，毫無期望，亦不知《父子》的內容。誰不知一試便回不了頭。」何睿知說。

剛看完的一刻何睿知是驚喜的。「首先，自己竟然看得明。以往看電視家人也會解說一下劇情，我以為口述影像跟親友解說分別不大，如果家人不能令我明白，我不相信其他人的口述影像能令我明白。看完戲出來發覺『咦，真係明喎』。原來有某些技術、方法，真的能令視障人士明白。於是印象很深，由不敢去期望到覺得口述影像真的有點意思，扭轉了電影不關我事的想法。」相隔多年，何睿知說起仍然難掩興奮。

何睿知說李鳳儀受到的震撼比他更甚，因為事後他不但沒有如以往看電視般抱著一團疑問，更在回程路上跟她討論劇情。兩母子終於可以同步欣賞一齣戲的感覺很神奇。

「我當時並不知道口述影像是什麼，純粹是跟睿知去看戲，看完之後『嘩！我覺得大開眼界』，很喜歡這一種溝通形式。」李鳳儀覺得這即使對健視的人來說也有很大的裨益，因為口述影像的文字稿能夠很精準地表述一些情景，讓人感受到文字的感染力。

「原來文字描述情景可以如此專業；原來可以這樣描繪天空、人的表情、行動。睿知看不到畫面就純粹聽，但我們看得見的會即場在心中對比畫面及文字。我非常欣賞寫稿及做即場口述的人，能運用聲音的感染力，令人聽得投入。我記得該電影有感情線及一些纏綿鏡頭，講者能用文字描述這些纏綿的情境，聽的時候不會令人覺得不舒服，沒有不自然的感覺。」李鳳儀笑言那次之後自己也得到一些靈感。「我當然沒有他們般專業，口述影像的好壞很視乎撰稿人的文字修養。」

此後母子二人經常結伴觀賞口述影像電影。「我知道媽媽很欣賞這項服務，亦不介意一起聽口述影像。不過阿妹看過就說『太吵了』。」何睿知笑說。

何睿知非常有實驗精神、又愛尋根究底，曾經為了一個傳媒訪問，自己先到戲院看一次電影《盲探》的普通版，再在盲人輔導會包場時看一次口述影像版。「媽媽特意不告訴我劇情，我靠聽加上想像，大概猜到故事框架，雖然我猜的都對，但真的只有骨架，皮皮肉肉全部失蹤。所有細節均在影像裡面。」他說。

後來他更在盲人輔導會重看了口述影像版的《半斤八両》，找出當年家人在某些段落會笑而自己不會的原因。

何睿知喜歡劇情緊湊、具起承轉合、編劇、導演手法高明的電影。他認為好的口述影像必須具備兩個條件：第一個是用字要準確。因為視障人士看不見，口述影像要將很細微的動作、表情也清楚講出；第二是時間的掌握。因為劇情緊湊的電影很多時候只有數秒鐘空檔可作描述，要選最重要的說。

「到現在為止我遇過絕大部分口述影像員都很稱職。」他說。

何睿知是口述影像服務的忠實擁躉：電影、舞台劇、參觀活動、展覽、博物館等全部都試過。「有新的口述影像服務推出我都會去嘗試。」他說：「如果沒有口述影像的出現……我會失去一個接觸生活中的視覺元素的渠道，我不知道如果生命中沒有了視覺元素、視覺藝術，我會是怎樣的一個人，但肯定跟現在有所不同。可能我說話、思想會沒那麼自由。」

不過他最希望機構努力發展的仍然是電影口述影像，原因是電影最多人看、最容易吸引到人。「現時香港喜歡看電影的人一定比喜歡劇場或博物館的人多，而且不斷有新戲推出。」他解釋。

至於他自己一直最想看卻沒有人講的口述影像節目卻是很多人都看膩了的：煙花匯演。

何睿知對口述影像的願景可以說簡單又不簡單：希望口述影像成為健視者跟視障人士相處時自然就會做的一件事。

「我相信口述影像不應只局限於電影。它是描述視覺元素給視障人士聽的技巧，可以應用在任何地方，任何人或多或少也能做到。正如我阿媽會嘗試講戲給我聽，技巧不重要，最重要是你有意欲去做。

「它是一種存在，除了錄音室內收錢錄口述影像聲道的人，其實不應區分這位是口述影像員，那位不是。正如見到一個盲人你會用領路法帶路，面對盲人你自然會用上口述影像的技巧為他解說。這是口述影像最『正』的地方，也可以說是跟視障人士相處的小技巧之一。」何睿知說。

他想起小時候自己不喜歡去婚宴，因為不知道發生什麼事：「在婚禮上，我想知道譬如新娘如何笑，跟親戚朋友的笑有何不同，這時口述影像就派得上用場。」[06]

盧勁馳——它沒有改變我的生活，而是改變了整個香港的視障群體

作家、視網膜細胞退化病患者，十多歲開始看不到字，現在只能見到黑影，不能辨認人的樣貌，加上怕光怕聲的神經過敏症，令他無法正常升學。花上比常人多數倍的時間考進大學，專修心儀卻不適合視障人士修讀的比較文學及文化研究，只為一個心中一直不解的問題：「為什麼你一旦身患殘疾，就不可能追求思想獨立和文化的深度？」

……

「當時選比較文學，可能不過為拗氣而拗氣，身邊所有人都告訴你，視障人士慣用復康服務，比較適合當社工，但如果本身就不認同復康界的做事方式，當了社工後還是會有一日打破自己的飯碗吧？」他說。盧勁馳於二〇〇七年在香港大學文學院比較文學及文化研究系本科畢業，並於二〇一二年取得比較文學系哲學碩士學位。

盧勁馳記得讀大學時，一份期末習作要求學生以經典電影來解釋理論，他沒法看電影，就索性按既有的文獻撮寫劇情，結果沒看過原片卻拿到不錯的成績。這件事令盧勁馳既內疚又覺得相當不公。「不是我想以這種蒙混的方式來完成習作，而是從一開始我就沒有以正確的方式完成這份習作的權利。」他說。

盧勁馳透過推動通達服務和從事文藝工作，以「視障人士的藝術文化參與」為命題，緩解他跟復康界之間的微妙矛盾。

盧勁馳說口述影像對他最大的影響並不是改變他本人的生活，因為很多他在大學時代應該要看的電影，到今天還未有機會看到。這項服務改變的是他四周的人，而當周圍的人漸漸改變起來，過去沒法看到電影那種孤立、無助的狀況才開始為人所理解。

「讀書時，我跟人說沒法看戲會影響到我的學習，復康界裡沒有什麼朋友懂得回應我，大致他們不過在想，是我太笨，選了個自己讀不來的學科。但時至今日，當我告訴身邊的視障朋友，他們的即時反應是：『為什麼你不請某某機構做口述影像版本呀？』至少對今日的盧勁馳來說，自稱為電影愛好者不再是件那麼荒誕無稽的事情。」即使雨過天青，盧勁馳仍不失尖銳。

「現在我覺得自己終於可以做些事。隨著口述影像的普及，多了視障朋友欣賞電影、參與文化活動，令我有了多點以視障者身份參與和評述文化藝術的底氣。不要管我有否真的看過那些電影、展覽，我就是有關心這些事情的能力，不然，那些通達服務就是浪費公共資源，白費了所有員工和志願工作者的心力了。」盧勁馳說。

倡議意義大於觀賞意義

畢業後盧勁馳學以致用，不時撰寫電影文化評論，並在文學雜誌擔任評論版面的編輯工作，同時積極參與推廣口述影像服務。推動通達服務和從事文藝工作兩者並不相關，但透過一面參與一面推廣口述影像，盧勁馳開始以「視障人士的藝術文化參與」這個命題去緩解他跟復康界之間的微妙矛盾。

「雖然做視障人士都做了廿幾年，但過往我覺得自己沒有好好 engage（參與）這個群體，而且復康組織提供的訓練和服務，能幫助我克服學習困難的地方也很有限。但自從有了口述影像，就彷彿給我一個可以參與的位置。如果最初口述影像服務沒有發展起來，我也許沒法跟這個圈子建立進一步的聯繫。」他說。

跟很多視障人士不同，盧勁馳與口述影像的連結點從來不單純是享受觀賞節目。他第一次接觸口述影像是參加香港展能藝術會（下稱「展能藝術會」）的活動，感覺雖然新鮮，但不覺得十分震撼。

「聽過第一次之後，只覺得口述影像的倡議意義大於觀賞意義。」盧勁馳說。

他認為口述影像的出現，最大的意義是讓人意識到有一種叫資訊和文化通達的東西：「不是闢了條引路徑、弄一條斜道就叫做無障礙社區，真正的無障礙除了物理空間的街道，還應包含抽象的文化空間。協助殘疾人士觀賞文化活動的通達服務正正就體現了這個面向。」

據盧勁馳憶述，初期香港的口述影像活動也不是很多。雖然二〇一一年之前展能藝術會也有請外國專家來港授課，訓練口述影像員，但受訓人數不多，學員要自付部分學費，受訓後有時間出席活動的口述影像員通常只有三數個，每次活動的口述影像員都是熟口熟面，很難去討論或擴展服務。一直要到二〇一一年盲人輔導會舉辦大型、公開、免費的電影口述影像訓練工作坊之後，本地口述影像服務才算廣泛地發展起來，服務也逐步得到改善。

「多人做才有比較。同一部戲可以由不同人講，有比較才聽得出什麼是好。要有一群人對這個藝術類型有更深的思考、交流經驗，才能幫助整件事的提昇。」

盧勁馳認為像二〇一一年盲人輔導會舉辦的口述影像工作坊般大型、普及化的口述影像訓練是必須的。「當然資金是一個要解決的問題。」

好的口述影像難求

由於多年參與口述影像推廣活動，經常被人拿來當「白老鼠」——很多初踏台板的口述影像員都會找盧勁馳試聽——加上熟悉電影理論語言，消化起口述影像的理論時亦格外得心應手。漸漸地，他自己也建立了一套對於口述影像的看法。

對盧勁馳來說，效果出眾的口述影像十分難得，首要條件是配合作品性質。他解釋每個視覺藝術類型也有其相應的解說重點和方法，平面的例如畫、照片等；立體的雕塑；動態的舞蹈、電影等，做口述影像的方法在外國均各自有獨立理論與指引。

「寫口述影像稿的時候要考慮到作品類型、性質、媒介。擅長做話劇口述影像的人去講展覽未必會講得好。」他認為透過展覽獲得知識的方式跟電影不同。

電影方面，他認為能欣賞到好的口述影像相當難能可貴。「口述影像員要 digest（消化）得好，口述影像稿要配合部戲，而且電影本身一定要好，整體才吸引。」他印象最深刻的欣賞經驗是盲人輔導會放映的《桃姐》，另一次則是展能藝術會放映的《刺客聶隱娘》。

「我個人有少許偏見：雖然從權益角度去看，任何含有視覺元素的作品都應配上口述影像，但某些作品未必適合，例如跳舞，你講完一大堆字我也未必投入到，因為舞蹈本身太官能，不是語言可以 represent（表現）到的事。所以視乎電影本身是否有空間讓語言去表現，有些戲真的會比較容易做，有些戲即使你想做得好亦很難。」盧勁馳認為最難講的莫過於元素又多又快、很官能的電影，例如動作片。

「三十秒出現了四十個鏡頭，如何講？你講完我也不會明。有點像看跳舞，到最後也要用一些很概括的講法，例如：『成龍被打了兩拳，然後退後』，講完。問題是太概括我覺得你好像沒形容過，你全部形容出來我又來不及消化，很難搞。」盧勁馳又舉全球大熱的《復仇者聯盟 *The*

Avengers》為例：「從觀賞角度去看，當一部戲的賣點本來只有官能刺激時，純粹靠別人口述想像回來，始終有點吃虧。」

那麼怎樣的電影能讓口述影像發揮得好一些？「我不能代表所有盲人，個人覺得是劇本比較好的戲，口述影像再 deliver（傳達）到劇本的影像元素，對我作為一個視障人士去欣賞的 enjoyment（享受）會比較大，而這些戲碰上好的口述影像員是難能可貴的。」盧勁馳說。

極致追求——口述影像金像獎

看得出盧勁馳對口述影像質素的要求非常高。他坦言自己明白慈善資助始終著重服務使用量，這並不違反口述影像精神，只是認為在「追人數」的同時「追質素」也重要。

他提出一個他形容為「頗極端」的追質素策略，就是把口述影像視作一項專門技藝或藝術，定期辦一個口述影像獎，選定一齣戲，找評審團來評，再為得獎者錄一個高質素的拷貝，然後存檔，在圖書館存檔一系列高質素的電影口述影像供後來者參考。

另一個盧勁馳認為有助提昇口述影像質素的策略，就關乎口述影像員的專業性。盧勁馳認為應該想出一些較具體的方法，組織一個評估專業性的團體或模式。「暫時見不到一個令大家有期望的模式。盲人輔導會或展能藝術會都不適合做這件事，因為作為服務提供者他們欠缺中立性，這件事要由獨立機構來做，慢慢建立認受性。這條路是漫長的。」他說。

如何走下去？

追求質素以外，盧勁馳認為現時推廣口述影像工作有兩大值得努力的方向：滲透度及政策倡議。

盧勁馳解釋所謂「滲透度」指的不只是多少人使用，而是多少人認同這件事，然後真的會去支持建設一些無障礙設施。「所以，盲人輔導會推動戲院安裝口述影像設備等工作是重要的。」他說。

「一項文化無障礙服務，如此抽象、非硬件的事情，有人會說『有，就夠了』，但其實如何入屋，才最重要，所以我對口述影像如何滲透到任何視障人士也能接觸到的生活層面這件事，覺得很需要去思考、有很大的發展空間。」盧勁馳說。

現時，本地的口述影像服務，靠民間的自發推動，亦得到不少企業、慈善機構、個人的資助，但盧勁馳認為除了錢以外，一些政策規劃上的改革是需要的。

「我覺得做下去不單單要做實事，還要有政策層面上的倡議推動。先不說政府資助，我們可否請政府 endorse（認可）文化通達、藝術通達作為其支持的一項政策，令文化通達成為一個正式的政策文件？這樣將來才可以要求各界的長遠支持。先不向人要錢，而是先要一個肯定。民間在推動口述影像上自發走了很多步，但在要求 official endorsement（正式的政策認可）上香港算走得遲。台灣是反過來，服務仍未普及已經懂得取得專業及政府政策的認可。」盧勁馳說。

不如……不要視為復康服務

發展一項復康服務，追求人數高、資助額大、長遠支援是正常不過的事。但就如盧勁馳給出的許多答案一樣，他心目中理想的口述影像形態跟很多人想當然的高、大、遠頗有距離。

「令我開心的模式，會是一些有心的口述影像員組織一些放映小組，可以很小型，當作跟視障朋友做個人分享，辦一些小型放映活動，然後很有機地、當作一個 community art（社區藝術）去做。」盧勁馳形容做社區藝術的人很多時候覺得藝術跟生活是沒什麼界線的，不一定要取得大量資助才算藝術。「很多文青也對口述影像有興趣，其實可以試試這種有機的文化交流模式。」他說。

盧勁馳也有朋友提議過舉辦一個只有同志電影的口述影像活動，雖然這個聽起來很小眾的活動最後不了了之，但他始終認為將口述影像服務變成一個文化活動，事情會更有趣。「規模不是最重要的。就像我們以往搞詩聚、讀書會，由三個人增加到五個人已經算成功。重點是事情是否有趣、有交流。」

盧勁馳又拋出另一個問題：是否一定要有視障人士參與呢？「難道不可以是一群學生？可能是翻譯系或電影系的學生。這種小型活動又不用靠復康界的資助，不用『交人頭數』。我覺得有意思、有趣的是：人們一開始就把口述影像當成是一件復康界的事。如果口述影像變成一個文化活動呢？撇開版權問題不談，文青們自己無端端選一部戲來講，三五知己聚在一起聽，我覺得不錯，很理想。這樣事情才可植根在我們的文化生活。」盧勁馳說，說的時候神采飛揚。

張運澄——我真的很好彩

現年七十歲。二十多歲時遇上交通意外導致失明，之後做過電話接線及按摩——失明人士早年最普遍的兩個行業。現時最希望家中外傭能為自己口述影像。

張運澄（左）與口述影像員廖安麗在舞台劇《寒江釣雪》光碟的放映會上留影。

「我當時在原子粒收音機廠做修理，剛升級做 Line 長不久就遇上交通意外，之後沒辦法繼續做。有些人失明後，心情要兩三年才能恢復過來，我算快，一年也不到，因為有家人支持。」

他憶述車禍之後醫生說他會盲，但父母不服氣，到處找人醫治他的眼。

「我弟弟是比較現實的人，我還在醫院他就『靜雞雞』（悄悄地）去盲人輔導會。那時復康部職員接見了他，花了數小時教他如何帶失明人去街、過馬路，又教他如何在餐桌上照顧我吃飯、告訴我餸菜的位置，譬如：十二點鐘的是魚，六點鐘是菜等等這些生活上的技巧。我出了院回家，他就告訴我去過盲人輔導會、『學咗嘢』，試著帶我落街。他真的很犀利，我也不知他是如何會找上盲人輔導會。」張運澄說。

因為我好彩

張運澄在盲人輔導會的復康部學行路、學摸點字。「很難的。用拼音原理，廣東話也是拼音字，英文就是串出來，也有很多 abbreviation（縮寫）。」

數年後，他順利地考進當年的理工學院[07]當電話接線員。另一位本書的受訪者李啟德提過，六、七十年代失明人士能進政府當接線員就如「中狀元」，因為工作穩定有保障。

被問到如何能「中狀元」，張運澄有點害羞起來：「哈哈，一方面自己有些本領，另一方面也是得到高人幫忙。」他說的本領是流利的英語和普通話。中學畢業的張運澄能講英語很正常，但那個年代一般中學沒有普通話課。

「這又是我的神奇事。我不知為何得到靈感，覺得將來的世界用普通話機會是高的，就說服媽咪付錢讓我學了三個暑假，那時很難才說服到她，家中連肚子也吃不飽，怎麼會讓你學普通話。後來就是因為懂普通話才能進去做電話接線。」張運澄對自己的遠見挺自豪。

至於高人，張運澄指的是當年教他英文點字的一位外國人。「我失明之後很想學點字，覺得不學點字的話，就業機會是零。當時很少人像我那般積極，盲人輔導會就介紹了太古船塢總經理的太太 Mrs. Jim Cassels 給我認識。她義務協助盲人輔導會製作英文點字書。她人很好，請我每週一次到她半山的家學英文點字。

「當時盲人輔導會在筲箕灣太樂街租了一個單位，但 Mrs. Cassels 認為太樂街太遠，提議派司機開車到筲箕灣接我到她家學習。上天真的幫了我很多，那時我住在蘇屋邨，媽咪帶我乘巴士到紅磡碼頭，跟一位失明朋友陳鶴年會合，由他帶我去筲箕灣。那時盲人輔導會剛剛開班教授上海式按摩，由太子道浴德池一位上海師傅任教，陳鶴年在太樂街學按摩，我就隨他到太樂街等司機來接我。學了一年多英文點字，Mrs. Cassels 知道理工學院請接線生，便介紹我去應徵。我也是通過正常途徑申請的，第一個入去做，表現良好，連帶盲人輔導會電話班的另外四位畢業生也獲聘請。」張運澄娓娓道來，不無得意。

他在理工學院工作了十年，直至學校改用機器代替真人接電話才退下來。碰巧那時盲人輔導會開辦盲人穴位按摩班，從北京請了按摩顧問來香港教授，於是未夠四十歲的張運澄又改行按摩。

「轉型對我來說不困難，因為我『好彩』（運氣好），離開理工不久，盲輔就開辦第一屆盲人穴位按摩班，我很好彩考到入去。其實很簡單，要懂點字、普通話，因為老師來自北京。」這樣，張運澄又做了十年左右的按摩師。

「之後？之後退休了，享受生活，重溫以前看戲的樂趣。」他說得理直氣壯。

從此運澄次次來

「無緣電影三十年，電影導賞遲未見，千呼萬喚始出來，從此運澄次次來。」這是張運澄第一次看畢口述影像電影《游龍戲鳳》之後寫給盲人輔導會的打油詩。那時口述影像尚未定名，盲人輔導會將之稱作「電影導賞」。張運澄把自己的名字嵌入句中，「運澄」二字剛巧是運程的諧音，為此詩添上好意頭。

「當時很大感觸，我真的三十年沒看過戲。甫看完《游龍戲鳳》就提起筆寫。」張運澄說當時其實寫了好幾首詩寄給盲人輔導會，但訊息無障礙中心的幾位職員最喜歡這一首，於是在報告及一些刊物中也引用了。

「我以前很喜歡看電影。邵氏出品，必屬佳片，差不多每部也看。特別深刻是林黛、趙雷做的《江山美人》。西片也有看，例如 *The Graduate*、*The Sound of Music*，當時學校有優惠價錢讓我們去看，坐樓上，超等票，好像是兩個四銀錢（二元四角）。」張運澄還記得失明前最後看的電影是張徹導演的《獨臂刀王》。

至於《游龍戲鳳》，張運澄是從訊息無障礙中心的熱線得知，然後自己一個人去看的：「那時很開心，但也懷疑自己會不會看得明，第一次再看戲，心情起伏很大。」

他記得初期大部分來看戲也是後天失明的人，近幾年發覺也多了先天失明的觀眾。「最初很多先天失明的人拒絕來看戲，他們說：『我的腦袋沒辦法構成影像，沒辦法產生共鳴。』可能後來受到我們感染。」張運澄笑道。

張運澄感覺口述影像的技巧一直在進步中。「初時靠義工即興，在家看十多二十次，看熟了便做，沒寫稿。後來有專家培訓，開始有預先寫稿，比較精準。」他說。

不過，張運澄覺得從前的做法也有可取之處。「剛開始時的口述影像很『生鬼』（機智、有趣），現在的較精準，各有各好，視乎電影類型。笑片的話，以前即興的手法更好；文藝片、偵探片、警匪片就現在的做法較適合。以前的口述影像員會加入自己的看法，可以的，我知道是他自己的感想。其實我很喜歡以前的手法，靈活點，少少疊聲無所謂，輕鬆點不用太死板，好free（自由）。以前的口述影像員又會搞氣氛，跟我們是朋友一樣。我覺得間中可以做一場以前那種，好玩些。」他說。

張運澄最喜歡義工潘茵蔥講《一百萬零一夜》。「那次我直情做媒，是自發的，忽然之間靈感到，電影中的問答遊戲要選A、B、C、D，我知道正確答案是A，便故意製造氣氛，大叫『A、A』，接著全場緊張，答案果然是A。事後潘茵蔥還說『很多謝有人故意製造緊張氣氛』。」張運澄說得眉飛色舞。

另一套令張運澄念念不忘的口述影像電影是西片 *Phantom of the Opera*。「尹淑嫻講得很好，她是資深義工，那時屬於早期，她還未受訓練，靠自己的熱情，看了很多次去做，很投入。有一幕她以『穿越時光隧道』去表達劇中的時空轉換，令我覺得自己好像真的穿越了一條時光隧道一樣。又有一幕火燒劇院，她也令我好像看到了一般。那次入場人數不多，但氣氛很好。」他說。

往事只能回味

說起氣氛，不禁令張運澄回憶起一次非正式接觸口述影像的往事：「大約一九九八年，有一陣子我身邊有一位弱視的朋友，他家境比較富裕，留學回來，辦了一個英語訓練班，很活的，沒有課本，用英語搞活動。其中一個活動是請我們去他家看電影，由他的太太用英語口述影像，他們二人也在美國讀書，英語很流利。她平日常常為丈夫口述影像，上街又會告訴他周遭的事物，未結婚前已常一起看話劇，做了他的眼睛。我們當中也有幾位是弱視的，相約在巴士站等，他們便接我們到家中。」

張運澄很懷念那次一起看電影。「幾個視障朋友一起欣賞一部電影，那種氣氛好romantic（浪漫），好開心，好像食聖誕大餐的感覺。似朋友聚會多過看電影。」他說。

外傭口述影像

「我真的很好彩，雖然盲了，但上天給我很多活動的空間。」張運澄說有了口述影像後，他多了出去玩，人也開朗了許多。

現時他最希望的是照顧他起居的菲律賓女傭能為他講解身邊的事物。「她很靜，不會告訴你這家店有什麼賣，我沒辦法訓練到她。她是我第一位請的女傭，已經在我家工作十一年。盲人輔導會辦給家屬的口述影像班都是廣東話的，而且她也沒興趣。」張運澄嘆道。

張運澄認識一、兩位成功訓練菲律賓女傭口述影像的失明人士。「可以邊走邊說路上有什麼，很詳細的。當然是英文，但那位朋友本身英文程度相當好，是大學生，年紀比我小一點，六十多歲。有一次，我跟他逛公園，真的很犀利，邊走邊說這兒有天橋、有涼亭、那兒有車去機場。兩位女士，一個不停說，一個不出聲，很大反差。我是失明後才搬到現在住的社區，自己樓下公園很多好看的事物也是跟他走完才知道。不過他說他也花了很長時間去訓練女傭。」張運澄說時一臉羨慕。

訪問完結之時，張運澄趕著從盲人輔導會西翼走到東翼禮堂看戲，職員便帶我們走捷徑穿過職員通道，他立即說：「我們現在就好似《歌聲魅影》一樣，穿越時光隧道。」其實他剛剛就帶我們走了一趟時光隧道，回到七、八十年代本地視障者的天空。

冼頌恩、游偉樂——有些人會將你歸類，他不會當你是普通人

冼頌恩是早產兒，出生後接受氧氣治療導致視網膜脫落完全失明，大學畢業後工作了數年，現在加拿大修讀音樂治療學位課程。游偉樂兩歲多因為視覺神經萎縮完全失明，大學畢業後任職中學英文教師多年，最近轉職自由工作者。

冼頌恩與游偉樂都是沒有為自己設限的人。他們是心光盲人院暨學校[09]的師兄妹，相識多年，但就一直到年多前才拍起拖來。跟一般心光的學生從幼稚園讀至中三畢業才轉校升學不同，他們都是完成中一課程後就轉到一般中學就讀，據說這是成績優異的學生才會走的路。他們自己的說法則是「想挑戰傳統」。二人又相繼放棄穩定的工作——一個在三年前辭去香港盲人輔導會公眾教育助理一職到加拿大實現夢想，修讀音樂治療；一個放棄中學教席，轉職自由工作者，追求更大的工作彈性、更有深度的參與和新挑戰。

冼頌恩（左）與游偉樂認為口述影像應該是平等的互動：「你想不想他（視障朋友）也知道這件事物從而跟你有接觸呢？想不想盡量令他不至於太悶呢？」

口述影像：勁！

冼頌恩從小就會看電影、去戲院。「我很小的時候已經會一部電影看十來次，因為家人會把電視台重播的電影錄下來。例如《逃學威龍》，媽咪不在家就狂睇。我不會因為沒有口述影像就沒玩過這樣、沒碰過那樣，都照做。我挺傻的，人家說看不見不會做的事我都會做。例如我小時拼拼圖，一般人可能三分鐘拼完，我不介意花一天去摸對那些線條，直到完成為止。」她說。

冼頌恩的家人常常一起看電影台。「例如『明珠930』，因為不用花錢。他們有時也會形容給我聽。平時是媽咪為我描述較多，她要上班，不算十分口齒伶俐，但她喜歡說給我聽，也會加上自己的 interpretation（解讀），應該是想我知道多些四周的事吧。她把我哥也訓練得很厲害，比她講得更好。阿哥一向喜歡『吹水』（亂扯），他的優點是比喻用得好，有些事物未必很容易形容，他會說『即是好似什麼、什麼』，而那個『什麼』有時可以很『核突』（噁心），只有他才會這樣跟我說，別的口述影像員不敢講得那麼核突，始終是自己阿哥。」

雖然有位不怕核突的哥哥，冼頌恩認為始終專業的口述影像跟家人講是不同的，可以令她更清楚描述的內容。她第一次親身體驗口述影像，是在大學時代買了電影《桃姐》的光碟回家看。

「一個字形容：『勁！』」冼頌恩說自己之前不知道原來口述影像可以形容得那麼仔細。「那時因為讀書加做兼職，沒機會到盲人輔導會看電影。但有些電影真的很想看，即使沒有口述影像我也會買光碟回來自己看，例如《逆光飛翔》。我對這部戲印象很深，因為主角的故事太似我，同樣是音樂、又是早產失明，很有共鳴，只聽對白已經很有感觸。後來我有機會看口述影像版本，明白多很多，特別是較嘈雜的場景。有一場很吵，我以為主角出去玩，原來是一群男生在看球賽。」她說。

游偉樂最深印象的口述影像電影，則是二〇一〇年在盲人輔導會的禮堂看《歲月神偷》。「裡面有很多如果不說我肯定不會知的事。例如颱風時，風如何吹倒了屋頂，人又如何嘗試抓住那個屋頂。我記得有對男女在斜路上接吻，當時只有音樂，有了口述影像就能理解劇情。」他說。

游偉樂的父母也是失明人士，健視的妹妹會為他描述，但不會太仔細。他曾經在一間很重視藝術的學校教書，學校不時會播放跟藝術有關的影片，同事們便鼓勵學生講給游偉樂聽。「很多時聽到一頭霧水，因為影片本身已經很抽象，沒準備過，見到什麼就說什麼，加上內容又如此抽象就更加難明白。」他說。

游偉樂坦言現時的口述影像服務在時間、地點、形式上限制頗多，自己很難享受得到：

「（盲人輔導會的）放映會通常設在平日，之前我要上班，十部可能只看到一部。現在推廣到部分電影及戲院也有，對我來說更有意義。如果長遠能普及到每一部戲也有就真的很棒。那麼我只要有空，就可以約朋友去看，一起享受一個經驗。或者買電影光碟就能聽到口述影像，這樣也很好。」他說。

經歷比言語來得重要

冼頌恩覺得口述影像的出現增加了她與家人的話題，也帶給她一些新的機會：「例如參觀活動，我知道去到不會只是白行，拍拖也多了選擇。」

增加話題、活動選擇，這些都對人與人之間的聯繫有影響。至於自身的體驗，他們覺得有時能否親身「經歷」一件事比有沒有口述影像來得重要。

冼頌恩憶述一次跟盲人輔導會的同事到加拿大滿地可出差：「到博物館參觀時，他們給我一部機，按數字會讀資料出來，不是很高科技像現時的 QR code 那些，但我已經覺得很 amazing（令人驚喜），加上館方有放一些凸圖的書或仿製的模型在那兒讓你摸，模型下面又貼了點字，可能是一個解說或只是一個數字，可憑數字在書中找回解釋。對後天視障的人未必幫助很大，但對我們自小失明的人來說意義是大的，最大的意義不是你摸過什麼，而是那個參觀是你摸得到，或者有你可以經歷到、感受到的事物。」

游偉樂也有跟冼頌恩相似的經驗。「讀大學的時候去過澳洲兩個月，到博物館參觀，一般人不能摸展品，但他們讓我摸，摸的時候還一邊描述給我聽這是什麼、你在摸什麼部分，他們本身有準備過。起碼我摸到物件，不是只聽描述。」他說。

「譬如看畫展，有時我好衰（很壞）地想，我不如取了（口述影像的）錄音回家聽，何必山長水遠來這兒聽。反正都是一樣的資料。」游偉樂忍不住補充。

「其實也很視乎事情的性質。如果跟家人去一個地方，他們沒可能準備太多，真的是就地見到什麼講什麼，這也很好。但如果是參觀活動，例如畫展，畫其實是一樣抽象的事物，我會覺得可能需要很 personal（個人）的講解。又例如為一些很著名的畫製作凸圖，當然你單單給我一幅凸圖去摸我是不會明的，要解釋我正在摸的那條線是手還是腳、摸到哪兒是什麼，才會比較實在。」冼頌恩接著說。

「我想雕塑對我們的意義會大些，看畫的話，如果那個人是看見過的，可能又不同，可是對我們來說，純粹在理性上知道『啊，是什麼顏色』、『啊，畫內的人在做什麼』，只是一項項的資料，不能在腦海內 picture（呈現）到怎樣為之美，怎樣為之視覺上的 colourful（多彩）。我沒有那個感覺，不會引發很強的感受。」她補充。

游偉樂以跳舞作例子。「你講每一個舞步、他在做什麼，講完之後人們為何覺得美呢？美這件事很主觀、很視覺。如果看見過，可能picture到以前看過的，就知道美，但我們未看見過，我只知道他的腳這樣動、形狀如何，很難感覺到美這回事。」他解釋。

冼頌恩接道：「在外國讀音樂時，講到華爾滋，別人要教我這個舞如何跳，我才能埋身地去明白。」

「其實無論口述影像、或者跳舞、或者任何其他事情，也要看是否經歷過，這很關鍵，也很個人。不過話說回來，有口述影像一定比沒有好，只要能令我明白就是好的口述影像，我不會要求完美，但如果有人做到很高質素的口述影像，我一定會欣賞。」冼頌恩來一個小小總結。

日常口述，貴乎自然

「我們現在會很學術地去看口述影像這件事，其實『吓，你見到這個，究竟是怎樣的？』是很普通的一個問題。」冼頌恩說。

「有時候我們需要的只是很簡單的幫助，不用去到正式的口述影像那般複雜。譬如方向，很多人不懂得講，他們在街上很想幫你，會說『呢度、嗰度』（這兒、那兒），我很難明白他在說什麼。講到左右就更加混亂了。所以這些訓練其實頗重要，讓一般人意識到如何描述方向等，當然如果更加厲害就可以形容抽象的事物。」游偉樂接道。

游偉樂說他身邊的人很少刻意為他口述影像，但有需要時就自然會做。他憶述一次偕教會的朋友去看日出，朋友問他可知日出的模樣，接著用了一個比喻去形容：「日出在雲中，就好似『你手指罅有啲嘢漏了出來』[10]，你可以當太陽好似火一樣。」游偉樂認為雖然日出未必完全就是朋友形容的樣子，但起碼他說的是游偉樂接觸過的概念，這已經很好。

冼頌恩與游偉樂覺得有些人是天生擅長形容事物的，就如冼頌恩的哥哥與那位形容日出的朋友。也有一些朋友會盡量以自然的方法去描述，令人聽著舒服不突兀。

「最近我的一位學生，他沒有受過訓練，我跟他吃完飯走回學校，他說：『阿Sir，附近很多東西賣，有皮帶，啱你（適合你）買喎……』我知道他是特意講給我聽的，但他的說法很自然，好像平常聊天一般。」游偉樂說。

嚇人的感官，平等的互動

視障人士有他們的本能去接觸這個世界，可能是聽聲、可能是嗅覺、可能是一般人留意不到的觀察。「尤其先天失明的人，我們很習慣用感官去生活。很多我們會察覺到的事，對於一個看得見的人來說是挺嚇人的。」冼頌恩笑說。

有一回，她在加拿大跟一位牧師在超級市場內的麥當勞吃早餐，超市本身未開門營業，但冼頌恩告訴牧師她知道自己在超市附近，牧師很驚奇，那是因為她聽到超市內購物手推車被撞到一塊的聲音。

「其實我們並非像很多健視人以為那般，不清楚世界正在發生什麼事。有很多其他 sense（感官）去知道。當然有時很難要求健視朋友猜到我們知道什麼、不知道什麼。有些情況很常見，跟朋友吃飯，我說人很多，朋友奇怪我怎麼知道，我就說：『聽到聲音。』」游偉樂接著說。

冼頌恩認為跟視障朋友相處時，不用刻意把見到的全部東西都描述一遍。「應該是一種平等的互動：你想不想他也知道這件事物從而跟你有接觸呢？又或者想不想盡量令他不至於太悶呢？我家人的心態就是：他們不想我悶，不想他們在笑而我不知他們笑什麼。而且我多數會問他們笑什麼，他們明知我會問，就索性先告訴我。」冼頌恩說。「尤其做朋友，最關鍵是這個，有沒有受過口述影像訓練反而不重要。」

冼頌恩提到有一個做法不很禮貌，但挺多健視朋友喜歡玩，就是問視障人士：你知道我是誰嗎？很多視障人士也不喜歡這種「猜猜我是誰」的遊戲。「我們認得出的時候，他們就會問：『很犀利，你怎麼知道的？』原因當然是記得對方的聲音，但有時很久沒見，我真的不會認得。」她說。

「新相識的朋友，我會看看他是否很恐懼去跟我接觸，如果他很快摸到相處之道，或懂得去問我，我就知道他是我可以多問的人。但有些人會將你歸類，他不會當你是普通人，或者他看見你做普通人做的事，會覺得你很叻，那種稱讚是他不會跟你一起玩或覺得你是他的一份子。我想這種心態跟口述影像也有關係，特別是跳出電影、跳出所有這些事，他想不想讓你知道多一點，或者他當你是一個普通人的時候，他會否想跟你分享一些他見到的有趣的事物。」冼頌恩說。

李啟德——由看不見那一刻開始，很多事情就變成「唔關我事」

今年（二〇一九年）五十歲，廿多歲一場大病後開始視力退化，三年後完全看不見。曾在本地證券行任職股票經紀，失明後做過四年按摩師，二〇〇二年開始全身投入義工服務，代表視障團體跟政府部門及公共機構開會、到中、小學分享、為視障人士服務機構統籌活動、培訓義工。二〇一二年與體育教練林威強創辦路德會香港失明人健體會（下稱「失明人健體會」），並擔任副主席至二〇一六年。

……

「口述影像一般人覺得是娛樂、看戲，其實對失明人來說是復康，是心靈的復康。由看不見那一刻開始，很多事情就變成『唔關我事』（與我無關），以前天天買報紙看，現在報紙已經『唔關我事』；食完飯朋友們提議去看戲，『唔去啦，唔關我事嘅』，反正看不明白，為何要坐兩小時、花八十元？但如果有口述影像，我就會去。」李啟德說話有勁，給人能言善辯的感覺，不難想像他在各式會議上為視障人士發聲的模樣。

「當你曾經看見過，突然看不到的時候，內心是充滿挫敗感的。信心會崩潰。試想想，倒杯水也要學。你不妨今晚回家自己試試蒙住雙眼倒水會怎樣，不過不要在廳試，在廚房試清潔方

李啟德（右一）出席「口述影像電影新里程暨《逆流大叔》電影欣賞會」。

便些。」李啟德訴說失明後所有事情也要重新再學，即使學會了，日常要做也不容易，很多以往接觸的事從此不再關自己事，內心很容易失去平衡。

「幾十歲還要問人：『請問這架是幾號巴士？』我拿著手杖都還好，有些弱視的朋友不拿手杖，但又看不到，更尷尬。其實拿起那支杖是很困難的事，內心很掙扎，即是等於你叫老人家坐落張輪椅一樣，一下子不會接受得到。當你還未接受到自己是視障的時候，仍要面對生活是很苦的事。這就是復康之路。」李啟德說。

他強調香港的視障人口有九成也是後天的，而後天視障的復康之路很艱難：「後天來說，由發生事到接受自己失明，我們叫灰暗期、過渡期或哀傷期。快的一年，慢的十多廿年大有人在。試過有人十年沒出過門，真人真事。」

製造話題，互動、擴散

李啟德認為口述影像的復康作用在於它可以製造話題、豐富生活內容：「失明後，生活上太多事不再跟我有關，我要尋回跟我有關的事：做運動、看電影，重新融入社會，如常過日子。我叫這些做生活內容，人生的生活內容越豐富越好。」

他隨手便舉出一串例子：「以前朋友們談電影我一定不搭嘴，但最近我跟家姐說剛看了電影《與神同行》，可以聊一下，生活上跟家人話題多了，不用每逢說到看戲、看電視我們就收聲。視障人士之間也會通傳有戲看、有話劇看這些訊息，生活上多些內容，不用只聽收音機。早一陣子，我去文化中心看舞台劇《羅生門》，是自己買票的通達場次，同場也有十來個視障觀眾。視障人士很深閨，你要他去不是他主場的地方——主場是指視障人士服務機構——到了外面還要沒有人帶著是很難的，所以有十個八個我已經覺得很好，這是十年下來的功夫。我又見到我的視障朋友開始懂得告訴別人應該如何幫自己。例如他們現在會說：『你如果見到哪兒很多花草樹木，請跟我說一聲，讓我拍照不會只拍到石屎森林。』義工們也曾跟我說：『上次有位視障朋友告訴我要這樣、這樣做……』這是一種互動，有擴散效應。我接觸的一些機構也知道多了關於視障人士的事，他們會跟我說：『你們現在可以去戲院看戲喎。』」

李啟德認為這些是很大的進步：「生理影響心理，始終視障人士對走前一步去表達自己的需要是有保留的。我走進一間房，問有沒有人，如果有兩個人，但一個不出聲，我不會知道他在。這是因為我生理上的障礙，心理上自然會傾向穩陣，要安全感。所以做視障人士服務，你第一件事一定要給予安全感和建立信任。」

市場最誠實

李啟德對如何口述影像也有自己一套想法。他已經忘了第一套看的口述影像電影是什麼，只記得最初聽口述影像也挺開心，直至有一次……

「……一位很年輕的女義工，她沒有按照之前口述影像的模式，其他人的描述多是四平八穩，她則很生動，甚至帶少少情緒、驚喜，帶你進入一個氣氛，係『好正』（很棒）。電影是《一百萬零一夜》，義工名叫潘茵蒽。她特別的地方在於她很夠膽，不跟框架。其實口述影像有大的演繹空間，同一份稿不同人講也會不同。就好似唱歌，同一首歌由不同人演繹也有不同。例如一些舊的抒情歌，後來有人改成激情澎湃亦可。我覺得口述影像可以很闊，甚至可以做到像以前收音機的播音皇帝李我、鍾偉明那般。」李啟德說。

另一位令李啟德印象深刻的電影導賞員是劉天賜[11]。「他講《禮儀師之奏鳴曲》，有人話有疊聲，但他疊聲是為了讓我知道多一些。口述影像員就算不疊聲，但如果看完後我不大明白究竟那套戲想講什麼、或者我只看到一個層面的深度，看不到更深層的意思，我覺得也不理想。賜官（劉天賜）就完全帶我看到電影的深度。所以很有印象。」他說。

李啟德認為口述影像員不只是撰稿員或一把聲，他們對戲的理解有多深直接影響視障觀眾的體驗：「有些人主張讓視障觀眾自己詮釋，但始終電影拍出來是給健視人看的，導演不會想到視障觀眾，所以一定要有足夠視力才閱讀到他想帶什麼訊息出來。我沒看過《花樣年華》，但很多人告訴我其實戲裡面的服裝、美術很有特色，對我來說並沒意思，因為我看不到。口述影像員如果理解的深度不足也描述不了那麼多。我聽說畫面帶點黃黃的，是一種氣氛，看得到就能理解，但口述影像員會不會說這些給我聽呢？我覺得如果是賜官就會。有些口述影像員會怕『講多咗』（說得太多）。但那套戲的藝術就在這些地方。如果口述影像很綁手綁腳，我覺得發揮得不好。胡鬧劇不打緊，但有深度的戲你不這樣說我看不到。」

他又以韓國電影《與神同行》為例：「這部戲有搞笑又有賺人熱淚的畫面，如何賺我的眼淚、『唧』我笑（引我發笑），就要靠口述影像員的功力，不是演員的功力，因為口述電影已經不是原本那一套電影，經過加工，不能說『你自己看吧』，始終電影是視覺帶動的。有時空白位很短就一定要加語氣，例如『Sandra[12]，你好嘢。』和『Sandra，你好嘢！』（他即席以平淡及不忿兩種語氣做了示範）完全是兩回事。其實沒有人禁止大家活用語氣，但很多口述影像員就是沒有語氣。」

李啟德也知道口述影像有不同理論、流派：「我覺得無論哪一派的口述影像也應該讓其試做，到最後觀眾會告訴你哪一派成功。汰弱留強，市場會告訴你怎樣做才對，不用一開始就限制我應該如何做。感受最真，市場最誠實。」

自己需要自己求

聽著李啟德揮灑自如、侃侃而談，很難想像他當年也有過信心崩潰的日子。「我有家人、朋友支持，一年多便過了灰暗期。其實能否走出來，視乎你能否給自己一個強而有力的理由。我不是地球上第一個失明人，比我慘的大有人在。曾經擁有，看了廿多年已經很好。」他說。

現在李啟德每天也聽新聞。「世界在轉，留意一下發生了什麼事。雖然現在已經沒興趣投資，不用每秒看著大市，但這些是生活的一部分，我們不能跟社會脫節，都要知的，只不過投入多少、參與多少。」他說。

李啟德投入生活的方式除了聽新聞，就是做義工、做運動。「我知道視障圈的生活狀況，做恆常帶氣運動的機會很微，跟林Sir林威強[13]說起，大家也覺得應該讓視障人士只要想做運動就有得做。後來就成立了失明人健體會，訓練義工如何做領跑員。視障人士來到不單可以跑步，也可以行、緩步跑，因應能力去做。他們每次來到也很開心，不用拿著支杖，而是帶著手繩走，可以出一身汗，一晚起碼可走完三、四公里，是很好的運動，能跑就更加好。」他說。

李啟德在二〇一六年從路德會香港失明人健體會退下來，做一個享受的參加者。該會於二〇一八年獨立註冊成為認可慈善機構，並更名香港失明人健體會有限公司。

小結：是他也是你和我

口述影像就像一張入場券，一券在手可以以耳代目，知道周遭的景象、人生百態，自由運用這些視覺資料去生活、參與、解讀、決定要不要被感動；又或者放進口袋留為後用。最重要的是：你、我、他想要進場的話，是否隨時都可以？

01 工廠內某條生產線的管工。

02 粵語，意即：拿著皮褸掄向他們。

03 粵語，意即：持棍左右打擊。

04 粵語，意即：總是說要到旺角逛逛，我說逛什麼逛？有什麼好逛的？我又看不見。

05 香港盲人輔導會二〇一七年六月五日組團到香港文化博物館參觀法國五月「《羅浮宮的創想——從皇宮到博物館的八百年》展覽」。該場展覽的口述影像服務由香港展能藝術會提供。

06 二〇一八年五月，黑啫劇場創辦人陳衍泓與太太鄭慧君的婚禮就作了這方面的嘗試。當天賓客只需帶上耳機，就能聽到即場的婚禮口述影像。

07 香港理工大學的前身。

08 浴德池是香港第一間上海澡堂，全名為上海同記浴德池浴室，位於旺角太子道西一二三號地下及二樓。設施包括冷熱水浴池、蒸氣房、擦背房、按摩房及休息廳，現已結業。

09 現時香港唯一的視障人士學校。

10 粵語，意即：有東西從指縫間漏了出來。

11 香港著名編劇及電台、電視節目主持。

12 即本書作者。

13 林威強，香港一一〇米跨欄前紀錄保持者、體育教練。

第二章

如何口述影像？

skills

CHAPTER 02

口述影像簡單來說是一種協助視障者接收影像訊息的口語技術[01]。根據有記載的資料，這個意念很可能來自七十年代一位美國學者的碩士論文[02]；亦有新近的研究指出早於第一次世界大戰時已經有人為視障者口述錄影影像及劇場表演[03]。

到了八十年代初，英國、美國及日本等地陸續有人為舞台表演、電視節目、電影等製作口述影像。現時亞洲包括大陸、台灣、韓國等地都有為視障人士提供各式口述影像服務。

口述影像的應用面很廣，除了電影、電視、舞台表演、展覽、參觀活動之外，更基本的應用是在描述平面、物件、一般生活場景、人、動物上。正如曾為香港展能藝術會藝術通達服務中心顧問、現仍是香港盲人輔導會訊息無障礙中心用者委員會委員的視障作家盧勁馳，他在訪問中提過，構思口述影像文本時要考慮到作品類型、性質、媒介：「慣做話劇口述影像的人描述展覽未必講得好。」的確，描述靜態與動態的事物、有故事性與沒故事性的作品所需技巧也有所不同。一些義務口述影像員也曾表示自己比較擅長某一類型的口述影像服務。

口述影像的服務指引、教材能輕易在互聯網上下載。瀏覽不同國家的服務視障人士機構提供的指引，不難發現一些具普世性、大家都會提到的原則；也會讀到因為對口述影像抱持不同理念而導致的相異做法。

本章將以香港的口述影像經驗為基礎，專注討論電影及電視的口述影像製作。選擇討論影視節目口述影像，一方面是因為受眾人數較多，而且影視節目的口述影像已包含描述平面、立體、靜態與動態事物及敘事。以下會分成三個部分：

第一部分「口述影像基本原則」列出一些廣為口述影像提供者接納的基礎原則；

第二部分「口述影像實踐四部曲」簡介製作口述影像的過程；

第三部分「如何看待口述影像上分歧的做法？」討論本地不同機構及口述影像員在理論、

實踐上的分歧及背後的理念；以及部分本地視障人士的意見回饋。（注意：此章旨在以本地經驗為基礎討論如何口述影像；並不涵蓋所有電影口述影像的原則或做法，亦非完整教材。）

口述影像基本原則

（一）較近似藝術而非科學

在開始進入技術層面的討論之前，值得注意的是不少機構的指引及現役本地口述影像員也認為，口述影像較近似一門藝術或一個創作的過程。因為在影片中聲音留白的空檔是有限的，不可能把所有視覺元素描述出來，口述影像員一定要就說什麼、如何說作出取捨[04]。

在二〇一一年由盲人輔導會及創意香港合辦的「專業口述影像訓練工作坊」（下稱「工作坊」）上，來自台灣、研究口述影像的趙雅麗博士[05]請學員嘗試為一分多鐘的電影片段撰寫口述影像。在反覆觀看同一片段近二十次後，大家發現每位學員寫出來的稿件存在極大差異[06]，可見每個人對如何口述影像都有自己的一套。

「對一般明眼的觀眾而言，在觀賞影片時，故事的意義是靠其自行觀看與組構符號而成，但對視障觀眾來說，故事的進行卻必須透過具有明確『序列脈絡』的口述影像敘述來告知。因此，口述影像者的敘述，往往便加入了其個人對電影敘事的組構……」[07] 趙雅麗的著作《言語世界的流動光影——口述影像的理論建構》中的這一段，正好解釋為何無論口述影像員如何力求客觀，口述影像也一定會帶有個人色彩。因為在口述影像的過程當中，即使不加入任何推論及主觀感受，亦無可避免要對作品進行解讀，選取當中對理解劇情最關鍵的視覺元素，以編排成序列脈絡。

加拿大一個推動廣播通達服務的非牟利機構 Media Access Canada 以及美國的 Audio Description Coalition 均在其指引中提到，口述影像的最佳做法並非一成不變[08]，而是會隨著經驗的分享與累積、科技進步或其他因素而改變。後者更建議口述影像員觀摩別人的做法，事後一起討論在選材及演繹上的決定，以豐富自己在口述影像上的技巧[09]。

視障青年何睿知曾說：「口述影像較近似藝術而非科學，不應有一個標準怎樣為之對。除了一些基本規則不可打破，例如疊聲或漏講一些明顯的事物。」

以上種種都在說明口述影像不是一門死學問，而是需要透過實踐與經驗分享的技藝，不斷發展以配合人們生活及品味的改變。即使是基本原則如「避免疊聲」，在特殊情況下也非不能妥協。例如在韓國電影《軍艦島》的口述影像放映會上，因為該片只為韓語對白做了粵語配音，口述影像員需要為片中大量沒有配音的日語對白作翻譯，而翻譯只能跟日語對白同步說出，也就是疊聲，這個例外的做法在 Media Access Canada 的指引中也有提及[10]。

二 做一雙忠實的眼睛，說你看到的

說你看到的，而不是你以為自己看到的[11]。這既是對電影的忠實，亦是對視障觀眾的忠實。口述影像是要讓視障人士知道一個視力正常的人會看到什麼[12]，如果口述影像員擅自加入本來沒有的元素或刪去某些明顯的畫面，那麼口述影像的作用就會打折扣甚至完全失去。

一個例子是二〇一〇年電影《抱抱俏佳人》的口述影像放映會。有觀眾事後說某些場面沒有描述，令他們有點不明所以，後來跟健視朋友說起才知道自己錯過了男女主角的親熱橋段。那是本地口述影像發展的初期，當時主辦機構仍未引進外國專家的訓練，並沒有注意到有些義工較為含蓄，在描述親熱鏡頭時，感到不好意思。這次經驗讓義工和主辦機構也上了一課，明白忠實呈現的重要性，知道口述影像員不應審查、更改、過濾視覺內容，即使內容涉及色情或暴力。

這也是有關選材的原則。影視節目中沒有對白、能口述影像的空檔有限，口述影像員沒可能將全部畫面鉅細無遺地說出來。那麼說什麼才算是忠實呢？這要靠口述影像員的判斷，優先說出對理解劇情最關鍵的部分，有餘裕才描述其他細節。例如口述影像員在講述暴力情節時只描述房間佈置而略去人物的行動，無疑是比靜默更嚴重的騙術，因為視障觀眾會以為自己已經掌握了畫面的重點。

趙雅麗在她的著作中有一段對於忠實這一點頗有意思的說法。趙雅麗認為電影的其中一種魅力在於「同樣的故事透過不同的論述，讓觀賞者有興趣再看一遍」[13]。正如葉問的故事，一些觀眾看完葉偉信執導、甄子丹主演的《葉問》，也會再看王家衛執導、梁朝偉主演的《一代宗師》。

趙雅麗認為：「如果口述影像敘事的效果僅定位在，讓視障者了解故事是什麼，或者只在單純告知視障者電影畫面『出現什麼』，那麼，這種敘事的效果，其實距離真正『看電影』的效果還有一段距離，視障者可能只知道『故事是什麼』，或『畫面是什麼』，但其觀賞效果卻如同收聽一齣『廣播劇』或『新聞』一般，如此，『口述影像』製作的意義何在？所以如何才能真正的讓視障者藉由口述影像的協助，獲取像明眼人一般看電影的享受，也就是得到電影特有之敘事風格下的觀賞樂趣，是口述影像製作努力的方向……」[14]因此，趙雅麗心目中口述影像的最高

趙雅麗在二〇一二年二月由香港盲人輔導會與創意香港合辦的「華語口述影像研討會」中擔任主講嘉賓。

境界是讓視障者也能對同樣的故事，在透過不同的論述手法下，有再看一遍的興趣。

那麼「說你看到的」這個原則可否反過來，說成是「沒看到的不要講」呢？這個原則未必全然是一個非黑即白的禁區。Media Access Canada 的指引中提過，一些節目製作人曾經為了提昇觀影享受及娛樂性，嘗試採用體育節目旁述的做法，在口述影像中除了針對畫面動靜的如實報導（play-by-play）外，會加入背景資料及一些對畫面的詮釋（colour commentary）[15]。當然這個做法是否恰當就見仁見智。

(三) 客觀地說出來

忠實的眼睛要跟忠實的嘴巴配成一對。視障觀眾欠的只是視力，他們像所有人一樣有常識、會思考、對事情有自己一套獨特的看法。正如一般人到電影院看戲，很少會喜歡旁邊有觀眾就劇情作出議論一樣，因為我們想看想聽的是電影本身，不是旁人的觀後感。口述影像員應該盡量客觀地描述看到的畫面，避免自行詮釋、解釋、分析或「幫助」觀眾理解[16]，而是讓觀眾自己去聽、去想、去感受。

患有視網膜色素病變的鄺美儀曾在電台訪問中提到，最觸動她的口述影像經驗是義工們真正用心去了解視障人士的需要、尊重視障人士。「他們明白我們也知道狗是有四隻腳的，不用每每捉著我們的手去摸、或者告訴我們。」鄺美儀說。

不少指引、教材也提到為免過份詮釋或流於主觀，口述影像員應該形容畫面，而非直接講出自己從畫面得出的結論。因為人物的情緒、動機或理性思考是看不見的，只能透過畫面、對白、音效結合推論出來，所以不用描述[17]。如果結論是主角看起來很忿怒，口述影像員應該描述令用家可得出這個結論的視覺線索，例如主角握緊拳頭、咬牙切齒。如果形容人物漂亮，不如說出因何漂亮，是化妝？衣著？抑或其他？讓視障觀眾自己判斷[18]更合適。

不過「客觀」這兩個字執行起來殊不簡單，做法可以南轅北轍，因為當中牽涉大量判斷與選擇。

首先時間是第一關。電影中沒有對白的空檔始終有限，未必足夠描述畫面細節，即使來得及說也要考慮觀眾是否來得及理解。一句「好嬲」（很生氣）只花一秒，但形容表情動作起碼得三數秒。尤其在一些故事複雜、節奏快的電影中，能夠口述影像的時間往往很短，如果不作一步到位的說明，部分視障觀眾可能來不及消化該項資料，以致錯過了重要劇情。

那麼若然真的只有一秒，過了便轉到下一個場景，可否以「尷尬」、「嫌棄」等概括性字詞去代替起碼要六至八個字才到位的描述呢？

「總有要走『捷徑』的時候，你可以用一個短詞，例如『Shocked（嚇親／嚇著了）』，口述影像糾察不會拘捕你，因為那個情況時間太緊、難度太高。你要把握那一秒去傳達，不然聽眾就會有一刻不明白，而你不想他們不明白。這是平衡各個因素、考慮哪一個較重要後的結果。」美國資深口述影像專家、曾為前總統奧巴馬就職典禮作現場口述影像的 Joel Snyder[19] 接受我們訪問時說。

「人人也說不能疊聲，那是對的。但有時優秀的混音可以為你偷一兩秒時間，將口述影像聲道調校至緊貼電影對白，令兩者聽起來不像疊聲，而有應當如此共同存在的感覺。當然，這不是理想做法。」他補充。

另外，純客觀的描述很可能令視障觀眾不明所以。例如「主角斜眼看著對手」，視障觀眾可能會問究竟斜眼代表敵意抑或蔑視抑或其他情緒。當然配合了對白及前文後理，視障者可能會猜得到，但每個表情動作也要思考會否令人太累？

人類活動有時很多非表面的、底層的含意，看戲也可以提供學習社會慣例、禮儀的機會。例如上茶樓飲茶時，別人為你斟茶，很多人會屈曲食指及中指輕敲桌面表示謝意，如果只形容動作，不說以示感謝，部分不知這個做法的視障人士可能會誤會輕敲桌面是不耐煩或有心事等其他意思。

Joel Snyder 與本書作者徐婉珊在訪問後合照。

如果時間充裕，先描述畫面細節，再點出結論，例如「他握緊拳頭、斜眼看著對手，表情充滿敵意」或「他屈曲食指、中指輕敲桌面，以示謝意」，是否最理想做法？似乎又不然。

「畫公仔畫出腸，那管是時間非常充裕也不應該。但如何才算畫出腸則見仁見智。口述影像員應取得平衡，既能滿足到視障人士視覺上的缺陷，同時給予視障人士自由去思考的空間，而不用教他們思考，只是提供協助思考的材料，是很有趣的境界。口述影像的最高境界，其實所有協助視障人士的服務也應如此，只是協助他們自己做，而非乾脆為他們完成。」何睿知這樣說。

㊃ 避免疊聲，也別喋喋不休

避免在演員說對白的同時描述畫面。口述影像從來只是輔助，觀眾入場看的是電影，他們首先想聽的一定是演員的聲音、音效、配樂。是否絕對不可以疊聲？也不然。雖然這幾乎是人人同意的大原則，但非常情況就得用非常手段。除了上文原則提到要為外語對白作翻譯的情況，美國的 Audio Description Coalition 在其指引中也舉出一例：主角不停地講述如何焗餡餅，畫面卻顯示她正從抽屜取出手槍，她未說完觀眾就會聽到槍聲[20]。這情況下，口述影像員只能在餡餅教學中途插嘴了。

另一個喧賓奪主的做法是以口述影像填滿所有聲音空檔。不止一次在訪問及用家分享會中有視障人士提及，如果口述影像說得太頻密、毫無間斷會聽得辛苦，也來不及消化。此外，有時電影留有較長的對白空檔可能是導演刻意為之，營造某些效果；即使不是，在這些空檔細味一下配樂、音效，或純粹享受片刻的耳根清靜也是觀影體驗之一。所以不少指引及教材均有「Less is more」[21]的說法，就是少說一點的效果更佳。

⑤ 一 從用家角度出發

閉上眼睛，聽一遍要口述的材料，才會知道視障人士的需要。這是不論外國教材[22]抑或本地導師也提到的技巧。

影視節目大多是拍給健視的人看的，如果我們只按畫面出現的次序去描述，效果必不理想。香港盲人輔導會義務口述影像服務顧問楊吉璽強調，不要讓**鏡頭邏輯**影響我們的**理解邏輯**：「在有限時間，我們要有優先次序。也要代入視障者的處境去想。」

楊吉璽舉了一個例子：《獅子山下》有一集開首的畫面是兩兄妹在公屋單位廳內做功課，然後才見到嫲嫲在廚房切菜，但一開始畫面只見到兄妹時已經聽到剁菜聲。如果口述影像員了解視障觀眾，會懂得先說「嫲嫲在廚房煮飯，兩兄妹在廳做功課」。不然他們聽到切菜聲，而口述影像卻說兩兄妹在廳做功課會感到疑惑。

楊吉璽亦提倡「完形結構」。就是先講佈局，讓視障觀眾對大環境有所了解，再照顧細節。

「璽哥（楊吉璽）教我們一件事：電影的首五至十分鐘，視障觀眾會有很多疑問，你答到那些問題，人家就大致上知道電影說什麼。所以寫稿前我會閉上眼先聽一次節目的首段。當然如果有時間最好整部戲先聽一次。」曾為電影《拆彈專家》撰寫及演繹口述影像的關恩慈說。

她又舉了一例：「璽哥為我寫的香港電台節目《埋包》[23]的口述影像稿審稿，改得極好。《埋包》講打拳，開始時有一些打拳聲，畫面先影拳套，再影室內有人打沙包，最後才影擂台上有人打拳。我起初跟畫面順序講，璽哥說這樣不行，因為觀眾一開始已經聽到兩個人在對打，會疑問發生什麼事呢？為何打架呢？雖然畫面未到這一段，但也要先回答他們心中的疑問。我覺得這一點很重要。」

「做口述影像最大的困難是放下自我、放下自己的觀點，客觀、抽離、宏觀地去看整件事、整齣戲，代入、明白視障人士的處境。他們的特點是：靠聲音去認知。但他們跟我們有共同的生活體驗、common sense（常識），不用鉅細無遺地描述。無須說『從桌上拿起水樽扭開蓋飲水』，『飲水』便足夠。」楊吉璽說。

⑥｜避免劇透「穿橋」

想視障人士享受跟健視觀眾一樣的觀影體驗，其中一個要點就是讓大家同喜同悲——讓視障人士跟其他人在同一刻接收到笑位或一些意料之外的情節，不要提早透露，即是俗稱的劇透或「穿橋」[24]。

「我記得香港盲人輔導會的活動中有會員提過最不喜歡『穿橋』，寧願聽不明也不能穿橋，因為會影響看電影的樂趣。」關恩慈說。

⑦｜色彩可以繽紛，鏡頭不要「一轉」

一些指引[25]及教材[26]也建議應避免在口述影像中提及電影中的拍攝手法、鏡頭運用，或話劇中的舞台效果。因為大多數電影或話劇都希望令觀眾忘卻自己身在戲院、劇場，相信故事是正在發生的、真實的。鏡頭的運用、舞台效果的存在很多時就是為了營造真實感，在口述影像中突然冒出一句「鏡頭一轉」豈不是提醒觀眾他們只是在看戲？

「我經常提醒口述影像員不要寫『鏡頭一轉』，因為視障觀眾會覺得奇怪：究竟是什麼意思？其實只不過是轉了場景而已，鏡頭轉只是表達方式。口述電影要去除技術性的資料，不要讓觀眾離開套戲。突然跳出來說『鏡頭從獅子山上Pan（擺鏡）下去』，尤其對先天視障的人不合理，令他由正在看戲變成客觀觀察。」楊吉璽說。

楊吉璽補充，如果戲中出現一些特別的拍攝手法也許值得一提。「除非有一個鏡頭是一個主觀鏡，進入演員身體見到腸臟的內部，這個鏡頭就需要講。如果只是鏡頭搖過去交代某人坐在某人旁邊，反而令觀眾花心思去想『搖過去』是什麼意思呢，其實無必要。」他說。

「舞台劇可在開場前先解釋不同的佈景區，開場後只說主角從廳走進睡房即可，不用再說由左邊佈景區走進右邊佈景區。」楊吉璽續道。

至於顏色，不妨一提。後天失明的人一般會對顏色有印象；先天失明的會知道或想知道不同顏色的文化或情感意義。一些仍有部分視力的視障觀眾也可以憑顏色從熒光幕上找出正在描述的部分[27]。

⑧ 言語也可度身訂造

看警匪片時聽見大堆文縐縐的四字詞、看文藝片時耳邊一串市井俗語，除了令人感覺格格

楊吉璽（左一）邀請前廣播處長張敏儀（左三）到盲人輔導會參觀並與視障人士交流。

不入，還可能會令觀眾難以專心看戲。所以一些指引[28]會建議在撰寫口述影像稿時留意遣詞用字，以配合作品類型。

此外，如果知道觀眾背景的話，口述影像用語也最好按對象的年齡、背景、教育程度等量身定製[29]。例如為兒童節目口述影像就使用較容易的詞彙。在兩場為視障智障人士舉辦的《黃金花》電影放映會上，口述影像員邱焱和關恩慈就簡化了原來的口述影像稿，希望令觀眾更易明白[30]。

關恩慈認為港產片以粵語為主，加上香港獨有的文化特色，比其他華語地區更有條件為觀眾度身訂造口述影像。

「製作廣泛使用的口述影像，要考慮到文化差異，譬如目標觀眾是全球說英語的視障人士，他們來自多個不同文化背景，只能用最基本的語言。但香港的情況不同，香港是一個文化比較集中的地方，例如李敏在《危城》的口述影像用上『笨賊』二字，大家聽到會笑，因為在香港文化中，這兩個字除了笨賊本身的意思，還是粗口諧音。大家都有這個共同認知便會覺得這個詞『正』（棒）。在內地就不一樣，如果全國播放就要選擇通用的字眼及說法，避開具地方色彩的用語。」關恩慈說。

口述影像實踐四部曲

美國資深口述影像專家 Joel Snyder 將製作口述影像的過程分成四個階段：觀察、選材、撰稿、演繹[31]。

(一) 觀察

Snyder 認為口述影像員要將自己訓練成為一個主動的觀察者，最好的口述影像員能夠真正注意到事件的視覺成份。他提到為事物貼標籤或命名並不等如把它描述出來，真正看一件東西往往會忘記它本來的名字。

口述影像員關恩慈憶述自己第一次撰寫電影口述影像稿的時候，由楊吉璽負責審稿，他指出了關恩慈的一個重要遺漏。電影是許鞍華執導的《天水圍的日與夜》，講述香港基層市民的生活。審稿時，楊吉璽問關恩慈有否留意到梁歡家中的廚房有何特別之處，原來梁歡的廚房沒有冰箱，所以才要每天到市場買菜，每餐吃剩的飯菜也只能用食物罩蓋著。這是跟劇情息息相關的細節，也是導演對角色生活的重要刻劃。

這也帶出了一個問題：一般觀眾在看電影時因為鏡頭速度太快難以看清楚的視覺內容要否描述？Snyder 認為要。「視力正常的觀眾可以翻看喜歡的電影，很多時他們重看會發現新的元素，『噢，我上次沒看到這個啊，太棒了。』只要那個畫面確實存在，又是理解故事的關鍵元素，即使出現時間極短，一般觀眾未必看得清楚，口述影像員也應該把它描述出來。」他在二〇一八年十月來港接受本書作者訪問時說。相反，Snyder 認為如果畫面並沒顯示該細節，即使口述影像員從其他渠道知道導演的意思，也不應說出來。

關恩慈在《拆彈專家》的口述影像中也選擇了把快速畫面的細節說清楚：「我第一次入戲院看《拆彈專家》時，根本搞不清首十五分鐘的脈絡，只知有飛車、警察追賊，一切發生得很快。事後為了做口述影像不斷翻看，才明白原來總共有兩架賊車，分兩條線去追，一架駛了入停車場從停車場衝出來被炸；另一架入了隧道，隧道頂有個炸彈，於是車又被炸了。平時看戲不用弄清楚細節，但做口述影像就要理順電影的紋理。那十五分鐘的畫面我寫了四句鐘。」盲人輔導會職員李司政直言第一次看《拆彈專家》沒有特別感覺，反而看了關恩慈做的口述影像版本才覺得電影好看。

後天視障的鄺惠琼是口述影像電影的忠實粉絲，兒子陳嘉康陪伴她觀看《五個小孩的校長》後亦說：「有些細節我遺漏了，可能是注意力都集中在主角身上。口述影像提到細節，這對了解電影有幫助。」鄭惠琼的丈夫陳祥榮也說口述影像效果很好：「即使開眼人根據口述影像講的背景、場景，也能更了解劇情。例如我上次看《五個小孩的校長》，有口述影像是比較清楚的，更加明白。」

這也印證了 Snyder 的觀點：「其實口述影像可以應用在任何場合，為任何人服務，只要你想就一件視覺活動得到一個更完整的觀點。」

㈡ 選材

口述影像員從他們看到的畫面中略去枝節，選取對理解故事、欣賞電影最關鍵的部分。在電影中，很多時候只有數秒時間去講述影像，能夠說出切中要害的描述，才是口述影像的精髓。所以有時刻意不描述一些東西也是重要的描述技巧。

Snyder 及趙雅麗在工作坊上均提到過圖像是平面的思維，而言語則是線性的思維。運用視覺，人們可以以二維的方式瞬間接收豐富的訊息，並將其組織、消化；但以言語傳遞訊息時，人們卻是以逐個字的方式接收與組織，在同樣時間內能獲得的資訊量較以視覺接收少。

「口述影像——因著其本質——就是要篩掉很多的資訊，這是選擇不用說什麼，或倒過來說，選擇說什麼的過程。因為你沒時間在電影中說出所有影像。」Snyder在訪問中說。Snyder笑言他常引用法國哲學家布萊士・帕斯卡（Blaise Pascal）的一句：「我把這封信寫得這麼長，因為我沒時間去縮短它。」要寫出精準、到位的口述影像需要時間去思考、斟酌、琢磨。

趙雅麗在工作坊上則表示口述影像應用在影視節目上時，最重要的是先讓視障者掌握對劇情的理解，然後才是提供豐富的視覺元素[32]。

㊂ 撰稿

口述影像員用語言文字將影像準確地描述出來。而要做到準確二字絕不容易。

趙雅麗在工作坊上解釋口述影像之難，在於人們對視覺元素及言語在「解讀層面的差異」。人們在理解視覺元素時，雖然一目了然，但每位接收者都有各自選擇性觀看的解讀策略。給予同一張照片，不同的人會各自注意並理解照片中不同的重點。而在理解言語時，則依循文法去理解序列的內容。所以用言語去描述視覺元素，往往會有言不盡意的情形。趙雅麗以描述尼亞加拉瀑布作例子，若採用「壯觀雄偉」來形容，接收者雖然可以理解，但對實際景致有多「壯觀雄偉」可能會有不同的想像。當然，根據客觀描述的原則，在時間許可的情況下，口述影像員其實應該具體描述瀑布的大小、形態。只是這一格的瀑布影像，可能要用數十字功夫才能稍稍具體地表現其「壯觀雄偉」，而描述的人很可能覺得即使窮其詞彙，亦難以完全描述視覺所見瀑布水流的磅礴氣勢[33]。

Snyder 建議口述影像員運用生動、富想像力的語言及各種明喻及隱喻的手法去口述影像。Snyder 笑言一位只會說走路的口述影像員是不合格的。走路可以是踱步、小跑、慢步、一蹦一跳、散步、一瘸一拐。一個生動貼切的比喻不但可以減省描述時間，更令口述影像平添妙趣。例如前立法會議員何秀蘭以「四方形蛋糕上放了半個檸檬，檸檬尖向上」來形容舊立法會大樓的外形就令人印象深刻。不過使用比喻的手法也非全無爭議。美國的 Audio Description Coalition 就在其指引中建議應避免使用明喻及隱喻的手法[34]。指引沒有說明原因，估計是為了避免個別視障人士聽不明白，或認為使用比喻本身也是一種主觀詮釋。

根據本地視障觀眾的意見回饋，優秀的口述影像文字頗能提昇觀影體驗。視障青年何睿知說：「有一類口述影像用詞講究，令我印象深刻⋯⋯如口述影像員本身有藝術或文學的根基，懂得用優美的文字去修飾，自成一門藝術，有可獨立欣賞的地方。」他指作家李敏為電影《葉問》及《危城》撰寫的口述影像稿就是兩個例子。患有視網膜色素病變的林穎芝也說：「有時稿寫得很好也覺得值得看。」

㊃ 演繹

口述影像員以聲音演繹寫出來或在心中的口述影像稿。

Snyder 主張口述影像員的演繹應該配合作品的性質，聲音及語調要跟畫面的速度、力量及內容互相呼應，兩者之間不應有違和的感覺。「但不要過火。開心的場合應配以明快的語調，傷心的情節自然需要較為持重的演繹。」他說。

Snyder 反對以機械人般的平板語調口述影像，認為只會影響觀眾接收電影的意思。

楊吉璽贊同 Snyder 的看法：「我們的聲音不作表演，但語氣、語速要跟隨電影的氣氛。不然就會 out of sync（與電影脫軌）。」這一點為盲人輔導會提供聲線訓練的香港演藝學院戲劇學院發聲導師李頴康也認同：「如果口述影像的聲音太客觀，整條口述影像聲道就會自電影氣氛中抽離。」

Snyder 還提出一個語氣的妙用。例如：畫面是主角見到一條蛇，主角雙眼瞪大。其實那條蛇是主角的寵物，主角是驚喜而非驚慌地瞪大雙眼，但劇情並未透露蛇是寵物。口述影像員一方面為了保持客觀，不想對表情作詮釋，另一方面也不夠時間說再多的話。這時，口述影像員可以運用語氣去暗示主角並非驚慌，反而是高興。這樣做既不劇透，又能在不增加口述字數的情況下巧妙地傳達畫面訊息。

妙用語氣的技巧李顥康亦曾在聲線訓練課堂上提到。電影《葉問——終極一戰》中，吳忠師傅被葉問踢中右手後，一副感到痛的模樣，並甩一甩右手。這一幕節奏極快，在電影光碟中，口述影像員直接解釋吳忠甩手的用意：「佢揈一揈手，止痛。」由於「止痛」二字是口述影像員對畫面的詮釋，所以曾經引起討論是否必要如此說。但在時間極為緊湊的情況下，如果只客觀描述動作，完全不解釋，觀眾可能難以消化大量口述影像訊息。李顥康就提議如不明說「止痛」，可以改用較為肉緊的語氣讀出「揈一揈手」，以暗示痛楚的感覺。此做法既令觀眾立即明白，又可減少訊息量。

「這亦是為何我們要學習聲線運用技巧的原因之一。因為聲音也可以傳遞意思。」Snyder 說。

如何看待口述影像上分歧的做法？

近年口述影像服務在香港發展迅速，漸為各界及市民大眾認識，除了傳統服務殘疾人士的社福機構及推廣通達服務的慈善團體提供口述影像外，亦有新成立的專門從事口述影像的機構。

隨著越來越多人加入這個領域，各人按其自身經驗、才能、理念去提供口述影像，逐漸發展出五花八門的做法。一些機構樂意提供平台，讓口述影像員嘗試各式不同手法；也有團體及口述影像員認為如果不能嚴格遵循某些核心原則——例如文本的絕對客觀，就不能算是口述影像，只能被視為另一種為視障人士而設的娛樂或服務。這群同路人如何看待種種實踐及理念上的不同，將會影響這個在本地仍然屬於萌芽階段的服務的生態及發展。

盧勁馳認為有分歧是好事：「有分歧、爭議才會出現一些價值觀的競爭，從一個藝術發展的角度來看，出現不同流派，他們之間的競爭才會推動尖銳的、精緻些的作品出來。」

㈠ 分歧在哪？

根據本書作者訪問不同口述影像服務團體，包括盲人輔導會、展能藝術會及口述影像員得知，分歧主要來自三方面：口述影像文本的客觀性、演繹方法以及是否容許未接受過正式訓練的演藝界名人提供口述影像。而這三者之間其實是互相關連的。

首先，有關口述影像文本的客觀性的爭議，部分口述影像員為了避免剝奪視障觀眾自行解讀電影的機會，在撰寫口述影像稿時會力求客觀。例如說：「足球場般大的物體在上空飄浮，中間有個洞，有兩個好像人的生物從上面下來……」這種寫法只描述畫面上事物的形態、動靜，而不使用「不明飛行物體」和「外星人」等已經過消化、詮釋得來的結論。

光譜的另一端，一些口述影像員為了配合電影的氣氛，會在描述表情動作之餘加上一些形容，例如：「他的表情包含憤怒、悲哀、痛苦、不忿……」

以上都是真實出現在口述影像電影放映會的例子。前者將「客觀」推到極致；後者比較看重口述影像與作品本身的融合、氣氛、效果。這兩個極端之間當然也有中間落墨的選擇，就看口述影像撰稿人及其製作團隊，包括審稿、錄音監製的想法，有時導演、編劇也會參與決策過程。

至於演繹方法上的分歧，一些口述影像員認為直說即可，不應添加自己的個人感情、或參與營造任何氣氛。亦有口述影像員支持以官能主導，演繹盡量配合電影的氣氛與內容發揮。現時較多人選擇的做法是楊吉璽所說的：「聲音不作表演，但語氣、語速要跟隨電影的氣氛。」

第三個分歧是能否容許未接受過正式訓練的演藝界名人提供口述影像。有口述影像員認為口述影像是一門專業，不能接受機構邀請未接受過正式訓練的演員、電視或電台節目主持去做這件事，因為他們未必明白口述影像背後的理念。而一些機構則認為只要事先給予足夠的說明，擁有豐富幕前表演經驗的演員或電台節目主持一樣能勝任口述影像員的工作，加上名人的參與能為聽眾帶來特別的體驗，也有助推廣服務。

（二）用家的選擇權

到底要平鋪直敘、客觀至毫無感情、完全不作詮釋？抑或可以帶少許詮釋，但不能過分？還是乾脆創意地發揮呢？

「我覺得沒有一個絕對錯的做法。口述影像就好似一條線一樣，有兩個極端。有些人明明見到一杯水也要說是透明液體，有人會說是一杯水，也有人會天花龍鳳一番。其實這條線中間落在哪一點，我想跟最終的目標有關。」香港展能藝術會前藝術通達經理、現職西九文化區管理局無障通達項目統籌的楊慧珊說。

她續道：「為何有些人要求絕對的客觀？因為他可能傾向認為口述影像是一個empowerment（充權）的過程，將詮釋的權利還給聽眾。所以不會做任何個人詮釋，見到什麼就說什麼。我明白，也知有其道理所在。我起初也傾向採用這個標準，但接觸過不同的受眾後，也有反思：受眾是否想要這個（詮釋的權利）呢？

「如果有一個加入少許詮釋的做法可以豐富到整件事的時候，受眾可能會比較喜歡這一種做法。如果真的要說充權，讓他們有這個選擇也是他們的權利。所以我看的是我們的目的是什麼。是純粹想大家享受這件事？抑或也想令多些人認識、接受、喜歡這件事，然後再一起推動？這樣的話，我們是否一開始就要去到某一個極端呢？我們可否給予大家時間、空間去嘗試、交流呢？尤其香港正式發展口述影像的時間連十年也沒有，比歐美地區短很多，這個時候更加適合多點討論，多些嘗試不同做法。

「以手語為例——手語已經發展多年，比口述影像更久，很多來自不同學校、不同社群的人也會爭拗說對方這樣打不對。其實手語是用來溝通的，是否可以接受有些微不同的打法，又或者坐下來協商一個大家也能接受的打法，而非爭辯誰對誰錯？口述影像也一樣，是用來補足資料的，應用在電影上的時候，要想想大家來看戲是為了什麼：是想享受那一刻，享受電影，享受跟身邊的人一起去看電影，之後可以有話題聊天，抑或還有其他原因。而我們如何定位口述影像的目的，這個不是技術性、客觀不客觀的問題。」

香港盲人輔導會訊息無障礙中心經理陳麗怡自一開始就認定，口述影像是以服務視障人士作為目標。

「我們選擇了百花齊放的做法。口述影像員只要接受了訓練、通過考核，我們會讓他們在維持服務水平的條件下保留一定程度的個人風格，讓用家有機會體驗不同的手法，慢慢摸出自己喜歡的一套。不止這樣，我們還開放讓外面的人參與，例如作家李敏、聲線導師李頴康、編劇陳心遙等等。他們來自不同的背景，帶著各自的專業來貢獻這件事。他們知道口述影像的基本原則，但也有他們的專業堅持，例如陳心遙寫《哪一天我們會飛》的口述影像稿寫得很豐富；例如李頴康會講究如何運用聲音令人聽得舒服。每一位也帶來值得思考的見解，這也是一種火花。」陳麗怡說。

「為何不可以在起初時就百花齊放地去試呢？」楊慧珊問。「其實發展到某個程度，就是由市場去決定。因為受眾層面很廣，最終沒人喜歡的做法自然會被淘汰。」她說。

㊂ 用家不只是用家

楊慧珊也提到一個有關充權的說法：「Nothing about us without us.（我們的事，我們要參與。）」這是殘疾人權運動的一個口號。

「很多時候一些政策或決定其實是其他人為殘疾人士做的，中間並沒有殘疾人士的參與。為何我們會覺得我為你決定就是好呢，其實有沒有聽過他們自己的看法？因為歷史悠久的角度就是我們要幫助殘疾人士，很多事我們幫他們決定是為了他們好，為了『保護』他們，於是很多政策制定上他們成了被邊緣化的一群。所以如果說到充權，不是由健視的人決定口述影像應該是這樣、絕對要這樣；而是大家一同去討論，有用家給予意見喜歡怎樣做。因為這件事最終是為了大家可以享受接收資訊的權利。」楊慧珊解釋。

她續道：「聽到來自不同機構或流派批評別人的做法不對時，我會問這些意見是從何而來的？有沒有殘疾人士的聲音在內？當然可能有的，但當我們傾向執著某一點的時候，到底受眾參與做得怎樣？可能也有一起討論，但是在什麼情況下討論呢？你是老師，然後你告訴他們應該要如此這樣做的？他夠不夠膽去表達（自己的意見）呢？如果他們不敢講其實自己不喜歡，又是否真正的參與呢？我們是否有開放的平台、安全的空間，讓大家一起去討論大家理想或者大家喜歡的口述影像發展方向？因為這件事是屬於大家的，並不由任何一位口述影像員或一起去發展這件事的任何一個人擁有。

「所以本地化教材是重要的，不是單純將外國教材翻譯做中文，而是跟本地受眾一起發展出來才有意義。外國很多做法值得我們學習，但是否成套搬過來就一定行呢？別人的文化背景、教育背景或權利意識的背景跟香港不同，香港的權利意識根本未去到那個程度。我覺得這方面也是現時比較少討論的地方。」

香港展能藝術會前執行總監及現任計劃顧問譚美卿認為，當視障人士享受這個資訊的權利的同時，也有義務去支持這個生態及口述影像員。

「在五花八門的做法中，如何有建設性地溝通、對話，令事情做得更好？大家也有角色，視障朋友也有責任，不是聽完就算。喜歡不喜歡？為何喜歡？以什麼態度去喜歡或不喜歡？當視障朋友可以清晰地表達自己的需要，慢慢會幫到這門專業做得更好。口述影像員如何撰稿、如何提昇質素要靠視障人士幫忙。」譚美卿說。

陳麗怡認為要真正知道用家的心聲，除了設立一般機構性的渠道，前線職員、義工在日常服務及活動中跟會員的接觸、交流亦非常重要：「幾位有心有力的視障人士會在訊息無障礙中心用者委員會當委員，直接檢討機構服務。部分積極的會員也會參加每年的口述影像服務使用者分享會，向職員表達意見、訴求。但大部分人可能因為時間、精力的限制，也有時是因為『不好意思』直接批評別人而卻步。對於這大部分沉默的一群，真的要靠前線職員從日常跟他們的交流中收集意見及觀察。這時，職員的培訓及他們本身的態度成了關鍵。我們很多新活動、新措施也是從會員意見得到靈感的，例如視障家屬口述影像訓練工作坊的想法，就是會員提出的。」

四 一 用家與專業的成長，不同層面的教育

二〇一六年由波蘭學者 Iwona Mazur 及 Agnieszka Chmiel 進行、有關利用健視觀眾眼球運動的追蹤數據，協助撰寫口述影像稿的研究中，大約一半視障觀眾更喜歡較為 narrative（具敘事性）的口述影像，另一半人則喜歡較為 descriptive（具描述性）的口述影像。學者推論觀眾的喜好可能受到其自身經驗影響——其中一項是收聽有聲書的多寡。因為一般書籍多以敘事為主，視障人士未必習慣收聽大量描述；甚或沒有意識到口述影像跟有聲書的不同，及口述影像可以為自己開啟通向視覺媒體大門的功能，以為只是聽故事的一種[35]。

「我覺得他們的推論頗合理，而且指出一個重要的論點：就是有一個**發展的進程**。以往一直沒有機會去看有描述畫面的電影，一出現就完全放手讓你自己詮釋，可能一些人會不喜歡、不習慣，因為一直以來的娛樂主要是聽有聲書、廣播劇，即是傾向聽故事，所以當他們開始去聽電影的時候，可能會喜歡多些敘事、多些詮釋。當大家未準備好去接受、使用一項新服務的時候，要拉近大家的距離，難免要走中間路線。」楊慧珊說。

她續道：「正面地看流派上的爭議，其實會令事情發展更多元化，有利摸出一套我們香港主要的受眾比較喜歡的形式。然後，我覺得觀眾也有**成長的空間**。是否完全沒可能去到：大部分

觀眾寧願口述影像完全客觀，讓他們自己思考呢？這要看大家最終是否接受所謂『正式的口述影像』的一套。只是我們沒可能一開始就定性口述影像就是這樣的了，你不喜歡就不要用。」

如何幫助用家與專業的成長？譚美卿提出不同層面的教育對發展口述影像至為重要。

「最前線、最基礎的工作是教育。讓社會大眾意識到殘疾人士的需要；讓殘疾人士了解自己的權利，知道可以去要求這個服務；讓專業口述影像員知道專業的界線、操守在哪。這亦能幫助各方更有效地對話。」譚美卿說。

「一般口述影像節目每次也有一群而非一位受眾，大家的文化背景、教育程度不一樣，有些人可能喜歡繪聲繪影的、似伍晃榮講波般 juicy（生動有趣，富刺激性）的口述影像，我也親耳聽過一些視障朋友說他喜歡聽。撇開技術上的原則，真的很有娛樂性。問題是你如何教育你的受眾，我去看一個文化表演節目，怎樣的口述影像為之『講多咗』（過分詮釋），那麼他們會知道其實這次的口述影像是『講多咗』，但他們喜歡也沒問題。所以說沒有對錯，只有好壞，因為是個人口味。重要是大家有沒有抱持開放的態度去建設性地發展這件事。香港已經有不同的做法，大家可能各自有取向，但不用你死我活。我覺得只要在光譜上，不是亂講，符合口述影像的道德底線就可以。『我覺得好吃，你覺得不』，和而不同很重要，要有成熟度去讓大家有所不同。」譚美卿說。

也有可能當觀眾嘗試各式口述影像之後，更喜歡的是帶有詮釋的，又或者是傾向娛樂模式的口述影像。「有些很喜歡思考的受眾，也有些看戲根本不想思考太多、認為最簡單直接就好的受眾。鹹魚青菜，各有所愛。」楊慧珊說。

楊慧珊提到歐洲一些劇場實驗性質地將口述影像員融入成為表演的一部分。「對於這些嘗試，我們是否又說人家是錯的，這不算口述影像？」她反問。

加拿大學者 Margot Whitfield 與 Deborah I. Fels 在二〇一三年聯合一個劇團，嘗試將口述影像融合到整個節目的製作內，即從一開始預備劇本已經計劃了口述影像的部分，並由演員口述影像。該研究將口述影像的目的定為配合作品原有風格及視覺元素的一種娛樂，並建議以多元化的手法去口述影像，以配合各式各樣的劇場表達及導演風格。研究當中所有的視障觀眾在觀賞製作後均表示，享受或非常享受該種以娛樂為目標的口述影像[37]。

從以上研究可見口述影像有很多可能性，即使在比香港更早開始的歐洲也還有很大的發展、演變空間。

陳麗怡與楊慧珊在討論有關本地口述影像圈子內的種種爭拗時，不約而同提到一個近乎是笑話的說法：是否改個名字，不稱為「口述影像」，大家就能接受不同的做法？「口述影像這件事在外國也有很多其他名稱。是否我們不稱它為『口述影像』就能停止這些爭拗，回歸基本去服務用家呢？」她們問。

㊄　口述影像員的誠信（Integrity）與動機

陳麗怡認為在服務殘疾人士的時候，最要不得的是「我的能力比你高，我來幫你」這種俯視的心態。「技巧固然重要，視障者有時更在意的是口述影像員的心態。視障人士跟所有人一樣能獨立思考，只是失去了視力而已。如果抱著我看得見，你看不見，你就是聽我講的心態去口述影像，無論技巧多完美、演繹多精準也是不可接受的。」她說。

「很容易看出口述影像員有否真正尊重視障觀眾。不是你完全客觀、不加任何詮釋地描述就是尊重；也不是你感情豐富、演繹生動就不尊重。而是你有沒有忠於你的觀眾，不讓他們的『看不見』成為被欺負、輕慢的原因。你可以生鬼活潑、情深款款，但你不能為了娛樂效果而犧牲不去描述、或扭曲畫面的重要元素；你可以盡量客觀，但不可以為了盲目遵從客觀原則而令視障觀眾完全不明白畫面上的是什麼。正如在跟視障人士日常接觸當中，最要不得的舉動就是打手勢，令視障人士成為一班人當中唯一不能接收手勢訊息的人。情況有點像置身在用英語交流的朋友聚會，你卻跟身邊的香港人用廣東話說個不停，外國朋友不明所以，就會感到被忽略。

在這個處境中，外國朋友至少知道你們在交換訊息。但視障人士就不同了。他們看不到你在打手勢，但會感到身邊的人無故在動，或感受到氣氛的轉變，那種被忽視、不被尊重的程度可想而知。」陳麗怡解釋。

跟陳麗怡所說的對視障觀眾的尊重及忠實相似，譚美卿認為 accuracy（準確性）及 integrity（誠信）是口述影像的兩個底線。

「Accuracy（準確性）很容易明白。Integrity（誠信）我指的是當口述影像員提供口述影像時他的動機是什麼。他可以用很繪形繪聲的手法，但重要的是他的動機：他有否 abuse（妄用）自己作為一個能看見的人的身份。當他轉化一些畫面為言語告訴視障人士的時候，有否妄用他這一雙眼？譬如口述影像的時候不忠於眼前的畫面而偏離到一個離譜的情況，對我來說就是一個誠信的問題。因此我覺得在口述影像或任何藝術通達的培訓中，除了技巧外，體察到受眾的需要及對受眾的 empathy（同理心）的培訓是重要的。不能以我作為一個提供支援的人，就在一個高位或以很 condescending（屈尊就卑）的方法去做這件事。

「很多人抱著『我幫你』的心態，其實你怎可以假設我做不到呢？所以動機很重要。是未知道如何尊重大家的不同；抑或知道但不去做，不給受眾自己選擇：『你都看不到，選什麼呢？你看不到衣服的顏色，我給你什麼你就穿什麼。很簡單，我告訴你靚就是靚。』但人家喜歡別的不行嗎？」

體察對方的需要，在適當的時候給予恰到好處的協助，是人與人相處很細緻的互動。「這其實是看人與人之間的關係建立於什麼之上。最終還是要靠教育。」譚美卿說。

㈥ 返回技術層面的討論——用家如是說

❶ 有關客觀

「客觀是重要的，但所謂客觀、忠實是大原則，至於如何實踐在不同媒介是有差異的。電影的首要原則是敘事，把故事講明白給視障人士聽是最重要的，如果連故事也說不明白卻去斟酌這些原則就很有問題。理論只是說不是黑白色的牛就能叫乳牛，但如果口述（影像）員的判斷能幫助理解劇情是可以的，如果你覺得劇情用乳牛比較說得通，就用乳牛。理論也有說有時電影畫面太快，口述影像沒可能百分百原汁原味將畫面描述出來。這當然視乎功力。

「遇過一些口述影像員的做法是『不判斷、不解說、只講見到的』，有時甚至因為自己不肯定是什麼就放棄描述，因為這樣最客觀。有次看一套關於香港社運的紀錄片，就連我那麼糟的視力也能看出，過場畫面明明閃過三個以上的鏡頭，但口述影像員一句話都沒有說，後來我問陪同者，才知道那些鏡頭是交代一些示威場面，但口述影像員沒說，我就完全不知道發生了什麼事。雖然是過場畫面，但有示威發生過也是故事情節的一部分，其實即使你說：『畫面轉了，有些人在做一些政治行為。』如此籠統我也覺得好過什麼也不說。

「不同口述影像風格背後有一些很普遍的原則，只不過你過分放大某些處理，就忽略了基本。『透明液體式』[38]的客觀應用在畫上就可以，但描述電影要用common sense（常識），無須將此原則放大。所謂理論就是要來解釋做得到的事。口述影像理論上，敘事邏輯為最根本，知道每個原則背後的原因，就不會糾纏客觀主觀的原則。」視障作家盧勁馳如是說。

患有視網膜色素病變的林穎芝認為合格的口述影像是令她看得明白劇情，再進一步則是容易想像到表情、氣氛，能享受該電影。

「其實口述影像的做法有一個光譜，如口述影像員已經在這個領域浸淫多年，掌握了竅門，可以按經驗判斷，不用只跟一條規矩，每位口述影像員可以有自己的特色，讓用家有選擇。」她說。

視障青年何睿知舉了一個例子：「李敏在《葉問——終極一戰》的口述影像中有一句『識英雄重英雄』，這句話明顯跟影像無關，但是否不能加進去呢？我又覺得無妨，因為這句話沒有manipulate（操縱）你的思維，亦非錯的訊息。如口述影像員本身有藝術或文學的根基，懂得用優美的文字去修飾，與客觀是另一回事，是好事。如配合氣氛內容，也不妨。大忌是人為扭曲事實、氣氛，例如本來不懸疑變懸疑就有問題。」

❷ 有關聲音演繹的方法

「其實一個看不見的人跟看得見的人真的很不同。看不見的人不會在意是否紅色、藍色，反而著重聲音的色彩與質素，例如聲音是否磁性、溫柔。我能憑一個人說話的聲音意會到背後另一個意思，而其他在場的視障朋友亦會意會到同一個意思。」林穎芝如是說。

她認為口述影像員可以根據電影內容有不同演繹：「例如牽動很大情緒的部分可以在聲音上配合。例如笑片、武打片應該按劇情有不同演繹，或緊張、或刺激，文藝片則可以平淡一點。」

四十歲視力才出現問題的鄭惠琼直言，比較喜歡口述影像員的語調隨劇情起伏。「緊張時可以講得『肉緊』（情緒投入）些，平淡時可平順一些。口述影像員其實可以營造氣氛，帶起電影的高潮，因為我們看不見，聽他說得『肉緊』自己也會緊張起來。」

口述影像員關恩慈記得有用家說過：「最好的口述影像是你聽完也不覺得自己聽了口述影像，只覺得自己看了一部電影。」

「我覺得語氣不配合會很影響整部戲。譬如我聽自己錄的《一念無明》口述影像，錄的時候我是以自己一貫的說法，但播出來就覺得當戲中的氣氛是哀傷的時候，如果口述影像語氣沒有配合，反而影響了它。就好似明明情緒跌到谷底，口述影像一出現就將其扳回來。那次經驗對我的影響很大，所以我覺得其實演繹太平鋪直敘並不理想。」關恩慈說。

❸ 一 讓未接受過正式訓練的演藝界人士口述影像

「司勳、蘇敬恆等電台及電視節目主持給我的感覺是來與眾同樂，除了是一個表演，對他們來說也是享受，跟觀眾有交流。」林穎芝說。

蘇敬恆的口述影像尤其令林穎芝印象深刻。「他好似一個說書人，甚有個人特色，但他的確有足夠的修行在背後支持。例如講《男人四十》，蘇敬恆做的準備工作非常充分；到了《出貓特攻隊》，又非常配合搞笑劇情，風趣生鬼。有些人如果沒有足夠的深度、水準，則不能加入個人特色。」林穎芝說

碰巧，鄭惠琼最喜愛的口述影像員也是電台及電視節目主持——她就是第一位為盲人輔導會口述電影的義工彭晴。「彭晴真的很犀利，從無甩嘴。」鄭惠琼說。

除了得到部分用家的支持外，陳麗怡認為讓演藝界人士參與口述影像，在服務發展上具有策略性意義。

「香港盲人輔導會過去多次邀請播音界專才、影視藝人及製作人參與口述影像，例如廖安麗和車淑梅。他們未必受過正式訓練，但其專業知識與才能可以為口述影像提供新養份。例如電影導演在內容詮釋、對影像細節的掌握；專業播音員在運用聲線、語氣拿捏方面，均有值得學習的地方。邀請他們參與，一方面可以讓影視界了解口述影像的意義及實際運作；另一方面可以讓他們跟口述影像員及視障朋友互相交流，激發新思維，提昇大家的技巧。」陳麗怡解釋。

她續說：「口述影像除了是傳達影像的服務，更加是視障人士接觸世界的其中一個介面，讓相關專才及名人參與其中，能豐富用家的經驗。試想像你到電影院觀看《逆流大叔》，散場時適逢導演及演員到場謝票兼分享感受，會否令你喜出望外？視障人士未必是他們的 fans（粉絲），但能在日常生活中近距離接觸名人也是難得的經驗。而且名人的參與能引起大眾的注意，加強宣傳效果。

「我們明白正式訓練對維持口述影像水平十分重要，所以未接受過口述影像訓練的名人，我們會相約他們到本中心，由具口述影像經驗的職員或資深義工講解口述影像的基本技巧。而跟我們合作過的名人對口述影像的工作都非常認真。例如為電影《翠絲》錄製口述影像聲道的演員蘇玉華，就在錄音前了解口述影像背後的理念及製作原則，並與撰稿員討論口述影像文本。」

其實隨著越來越多電影在首輪戲院放映、或錄製光碟時加入口述影像聲道，廣播專才的參

蘇玉華（左二）為電影《翠絲》錄製口述影像前，專程到盲人輔導會總部接受資深口述影像員的指導，並從頭到尾綵排一次。左一為《翠絲》口述影像錄音監製邱焱。

與不但具有策略性，更有其必要性。因為沒受過配音或錄音聲線訓練的口述影像員，未必能勝任電影口述影像的錄音工作。

「在錄音室內，電台主持與專業聲演人員跟一般口述影像義工會有分別。最大的分別在於當語速、轉折位皆有限制時，非專業的可能會心急，演繹會變差，有時會不停NG。」後期製作公司嘉耀製作有限公司（B&O）的製作總監劉健邦說。

小結：理論如浪花，實戰看用家

閣下讀完此章的一刻，世界各地的學者、口述影像員正進行各式各樣的嘗試、探索、研究，可能每隔數月、甚至數週就有人提出新的理論或更別致的做法。假如你即將要為視障朋友口述影像，請你暫時忘卻以上各家的論述，專注於眼前的聽眾，觀察、聆聽、回應他們的需要。畢竟，口述影像是服務，不是理論。

01 這個定義來自台灣學者趙雅麗。《香港電影口述影像發展計劃 2011-2012》，香港：香港盲人輔導會訊息無障礙中心，二〇一二年六月，第二十四頁。

02 Frazier, G. (1975). "The Autobiography of Miss Jane Pitman: An All-audio Adaptation of the Teleplay for the Blind and Visually Handicapped". Retrieved from https://www.acb.org/adp/docs/Gregory%20Frazier%20thesis.pdf [accessed 01.11.2018].

03 Fryer, L. (2016). *An Introduction to Audio Description*. Routledge Taylor & Francis Group London and New York. P.15/Location 838 (Kindle Edition).

04 Media Access Canada: "Descriptive Video Production and Presentation Best Practices Guide for Digital Environments", (n.d.). Retrieved from http://www.mediac.ca/DVBPGDE_V2_28Feb2012.asp [accessed 01.11.2018].

05 趙雅麗是台灣的「口述影像發展協會」創辦人，歷任淡江大學大眾傳播學系主任、文學院院長、文化創意產業中心執行長。

06 《香港電影口述影像發展計劃 2011-2012》，香港：香港盲人輔導會訊息無障礙中心，二〇一二年六月，第二十八頁。

07 趙雅麗：《言語世界的流動光影——口述影像的理論建構》，台灣：五南圖書出版股份有限公司，二〇〇二年一月，第二百三十四頁。

08 Media Access Canada: "Descriptive Video Production and Presentation Best Practices Guide for Digital Environments", (n.d.). Retrieved from http://www.mediac.ca/DVBPGDE_V2_28Feb2012.asp [accessed 01.11.2018].

09 The Audio Description Coalition: "Standards for Audio Description and Code of Professional Conduct for Describers". (2009, June). P.1. Retrieved from https://audiodescriptionsolutions.com/wp-content/uploads/2016/06/adc_standards_090615.pdf [accessed 01.11.2018].

10 Media Access Canada: "Descriptive Video Production and Presentation Best Practices Guide for Digital Environments", (n.d.). Retrieved from http://www.mediac.ca/DVBPGDE_V2_28Feb2012.asp [accessed 01.11.2018].

11 The Audio Description Coalition: "Standards for Audio Description and Code of Professional Conduct for Describers". (2009, June). P.1-2. Retrieved from https://audiodescriptionsolutions.com/wp-content/uploads/2016/06/adc_standards_090615.pdf [accessed 01.11.2018].

12 Media Access Canada: "Descriptive Video Production and Presentation Best Practices Guide for Digital Environments", (n.d.). Retrieved from http://www.mediac.ca/DVBPGDE_V2_28Feb2012.asp [accessed 01.11.2018].

13 趙雅麗：《言語世界的流動光影——口述影像的理論建構》，台灣：五南圖書出版股份有限公司，二〇〇二年一月，第二百三十九頁。

14 趙雅麗：《言語世界的流動光影——口述影像的理論建構》，台灣：五南圖書出版股份有限公司，二〇〇二年一月，第二百一十三頁。

15 Media Access Canada: "Descriptive Video Production and Presentation Best Practices Guide for Digital Environments", (n.d.). Retrieved from http://www.mediac.ca/DVBPGDE_V2_28Feb2012.asp [accessed 01.11.2018].

16 The Audio Description Coalition: "Standards for Audio Description and Code of Professional Conduct for Describers". (2009, June). P.2. Retrieved from https://audiodescriptionsolutions.com/wp-content/uploads/2016/06/adc_standards_090615.pdf [accessed 01.11.2018].

17 同上，P.2.

18 同上，P.3.

19 Joel Snyder 是美國口述影像同盟（Audio Description Associates）的主席兼行政總裁，以及美國盲人理事會口述影像計劃（Audio Description Project, American Council of the Blind）的總監。

20 The Audio Description Coalition: "Standards for Audio Description and Code of Professional Conduct for Describers". (2009, June). P.3. Retrieved from https://audiodescriptionsolutions.com/wp-content/uploads/2016/06/adc_standards_090615.pdf [accessed 01.11.2018].

21 同上，P.2. ; Snyder, J. (2014). *The Visual Made Verbal: A Comprehensive Training Manual and Guide to the History and Applications of Audio Description*. Arlington VA: American Council of the Blind. Location 998 (Kindle Edition).

22 The Audio Description Coalition: "Standards for Audio Description and Code of Professional Conduct for Describers". (2009, June). P.15. Retrieved from https://audiodescriptionsolutions.com/wp-content/uploads/2016/06/adc_standards_090615.pdf [accessed 01.11.2018].

23 節目名取自拳擊術語，意即：打沙包。

24 The Audio Description Coalition: "Standards for Audio Description and Code of Professional Conduct for Describers". (2009, June). P.7. Retrieved from https://audiodescriptionsolutions.com/wp-content/uploads/2016/06/adc_standards_090615.pdf [accessed 01.11.2018].

25 同上，P.8.

26 Snyder, J. (2014). *The Visual Made Verbal: A Comprehensive Training Manual and Guide to the History and Applications of Audio Description*. Arlington VA: American Council of the Blind. Location 1401 (Kindle Edition).

27 The Audio Description Coalition: "Standards for Audio Description and Code of Professional Conduct for Describers". (2009, June). P.6. Retrieved from https://audiodescriptionsolutions.com/wp-content/uploads/2016/06/adc_standards_090615.pdf [accessed 01.11.2018].

28 同上，P.5.

29 同上，P.5.

30 二〇一八年五月，香港盲人輔導會訊息無障礙中心分別與朝陽中心暨宿舍以及欣悅軒合作，在 UA iSQUARE 鳳凰戲院舉辦了兩場《黃金花》電影放映會。

31 《香港電影口述影像發展計劃 2011-2012》，香港：香港盲人輔導會訊息無障礙中心，二〇一二年六月，第二十六至二十七頁。

32 《香港電影口述影像發展計劃 2011-2012》，香港：香港盲人輔導會訊息無障礙中心，二〇一二年六月，第二十九頁。

33 同上。

34 The Audio Description Coalition: "Standards for Audio Description and Code of Professional Conduct for Describers". (2009, June). P.5. Retrieved from https://audiodescriptionsolutions.com/wp-content/uploads/2016/06/adc_standards_090615.pdf [accessed 01.11.2018].

35 Mazur, I. & Chmiel, A. (2016) "Should Audio Description Reflect the Way Sighted Viewers Look at Films? Combining Eye-Tracking and Reception Study Data". In Matamala A., Orero P. (eds) *Researching Audio Description. Palgrave Studies in Translating and Interpreting* (P.114-115). London: Palgrave Macmillan.

36 已故無綫電視前體育新聞主播，以輕鬆幽默的手法報導體育賽事聞名。

37 Whitfield, M. & Fels, D. I. (2013) "Inclusive Design, Audio Description and Diversity of Theatre Experiences". *The Design Journal*, 16(2), 219-238.

38 一個常常用作說明較極端的客觀描述手法的例子，是將「水」說成是「透明液體」。

第三章

禮堂放映會到大銀幕之路

history

CHAPTER 03

「為何視障者不可以看戲？」

二〇〇九年三月二十六日，
有三十八位視障觀眾在香港盲人輔導會禮堂
借助口述影像看了電影《游龍戲鳳》。

二〇一八年八月二日，
全港市民包括視障人士可以自由到
設有口述影像觀影輔助設施的兩間戲院，
欣賞首部預錄口述影像電影《逆流大叔》。

九年之間從禮堂放映會到戲院的大銀幕，
說難沒三年零八個月艱難，
說易又未及借火般容易。
既然借火不易，唯有自己生火。
而為本地電影口述影像點起第一把火的人，
正是曾經以為看電影是事不關己的人。

陳麗怡——放火的人

香港盲人輔導會訊息無障礙中心經理陳麗怡（Emily）早在九十年代已經知道口述影像。

「當時我跟先生住在美國新澤西州，我家附近的劇院常常上演一些經典戲碼，某些場次可以讓視障人士用耳機聽口述影像。有一次，我發現該劇院即將上演莎士比亞四大悲劇之一的《馬克白》（*Macbeth*）。我在中學唸英國文學時曾經讀過這個劇，本想去看，但家人沒有興趣，最後我也打消了念頭，錯過了一次體驗口述影像的機會。一九九五年，我在芝加哥也見過有攤位介紹 Descriptive Video Service（口述錄像服務），售賣附設口述影像的錄影帶。」

跟很多視障人士一樣，陳麗怡以前沒有看電影的習慣。

「我是先天白內障患者，出生時視力已經很差，等於一個一千多度近視沒戴眼鏡的人，眼鏡對我只有輕微幫助。記得小時候跟家人及朋友一起去看電影，內容大致可以掌握，但是看不清楚畫面，有些細節弄不明白。讀大學的時候，跟幾位同學一起去看韓語電影，當時沒有想到言語的問題，因為看不到字幕，我不大明白戲的內容，看得一知半解。不禁覺得電影似乎太過『唔關我事』（與我無關），不如多聽幾本有聲書。」

陳麗怡一九九八年回到香港，開始注意到電影是一個重要的生活話題，人們聊天、說話很多時候也環繞電影內容。「視障人士的世界幾乎沒有這個，我覺得好似有種距離。」她說。

活在健視人主導的世界，視障人士常被邊緣化。電影是大眾其中一項主要娛樂，很多電影潮語會成為日常用語。例如周星馳《食神》內的對白「你大鑊喇，方丈份人好小器㗎！」[01]在日常生活及網絡上經常被引用，沒看過《食神》的人真的會丈八金剛，摸不著頭腦。

我不是盲，只是視力差

陳麗怡小時候在心光學校的同學都是先天視障的。加入盲人輔導會工作後，接觸的會員則以後天視障居多，他們的經歷跟陳麗怡很不一樣。

「當發現視力開始衰退的時候，他們很多會說：『我不是盲，只是視力差。』也會抗拒去盲人的地方，做盲人做的事。例如用手杖，很多人到了完全看不見才肯用。有一位會員，她的視力已經很差，但寧願『跣下跣下』走路（拖著腳步測試前方障礙物），都不願用手杖。她自己也說有時頗危險，有次一隻狗躺在她前面，她裝作看得見走過去，幸好有點運氣，沒踏著狗尾巴。

「他們的『不肯認』常常鬧出很多尷尬。有次一位男視障會員乘地鐵，在車廂內想抓扶手，誰不知抓著一位女士的敏感部位。因為外貌看起來不像視障，又沒有用手杖，他身上有殘疾證

（殘疾人士登記證）人家也不信，拉了他上差館。其實他只要取出手杖別人就會明白，不會為難他。

「視網膜色素病變（Retinitis Pigmentosa，簡稱 RP）患者們的視力會慢慢衰退直至全盲，像關窗簾，但這過程可以耗上數年至二十年以上。一位住在中環的 RP 患者，他每逢回到中環就會收起手杖，怕被鄰居發現他的病。我問他如何行走，他說『跣下跣下』。我跟他說：『這樣其實也隱瞞不了你的情況，別人一看就知道你有異樣，反而容易惹來誤會。鄰居見到你時，你見不到他、又不打招呼，人家會以為你不知發生了什麼事。』到了後來，他的視力退化到完全一點光也看不到，我問他還有沒有在中環收起手杖，他說現在到中環也照樣用杖了。他要迫到最後完全沒辦法才肯承認，而這過程用了二十年。

「又有一位患 RP 的會員在用手杖的第一天打電話告訴我：『Emily，我今天用了手杖，我終於盲了。』我答：『你已經盲了很久啦。』她笑說：『從前碰到人會被人罵，但今天用了手杖，很多人來幫我，世界原來有咁多好人！』

「他們為何會有這些表現？因為他們過去認識的朋友也是健視的，他們覺得用手杖的話朋友看到會很奇怪。平時大家會做的事：可能是打麻雀、看電影或其他，他們也會『扮去』。譬如我跟你一起看戲，我只是坐在旁邊，根本看不明白，但我想跟大家保持關係，害怕突然承認自己看不見朋友就不再找我。不過很多時候朋友們可能已經觀察得到患者的轉變。

「有時承認了，他們反而會輕鬆起來。一天，一位患RP的朋友來電跟我說：『Emily，我今天上班見到的字都是曲的，我辭職了，「一天都光晒」（反而豁然開朗）。』

「其實這個過程很苦，我們有很多事可以為他們做。」

戲院不是復康的地方

後天失明的人在主流社會成長，他們的另一半亦多數是視力健全人士，以前二人可能常常一起看電影，視力出現問題後便連這個活動也一併失去。

「我當時想：看電影可能對復康方面有幫助，因為他們可以重拾一項以前的活動、促進社交。而且戲院不屬於復康的地方，他們應該能夠接受。」陳麗怡說。

開展一項新服務，第一個要面對的問題就是資源。訊息無障礙中心主要提供圖書館服務，口述影像並不在資助的範圍內，陳麗怡能動用的資源極為有限。加上本地對這方面有經驗的人不多，可以說當時整個視障服務界對口述影像也是處於摸索階段，硬要去計劃具體的發展路徑，大概只會流於紙上談兵。「難道要等別人先做出來、做得好我們才跟？」陳麗怡當年問自己。電影導賞總得有人開荒，陳麗怡不介意做這個人，也幸虧她的臉皮比常人略厚，再加上不怕嘗試不怕錯，每逢遇到合適的人就邀請他們參與、做得不理想便改正，反而自羊腸小徑走出一條大路來。

「我這人臉皮厚，碰到有才能的人便開口問人有沒有興趣，幸好同樣『膽粗粗』（膽大、不怕難）的有心人也不少，便一起摸著石頭過河。」陳麗怡說。而第一個被她「拉落水」（牽連進來）的就是彭晴。

事緣彭晴一次訪問黑暗劇場創辦人陳衍泓，提出想做義工，於是陳衍泓便介紹她到陳麗怡任職經理的香港盲人輔導會訊息無障礙中心錄製有聲書。該中心主要為視障人士提供圖書館服務，負責錄製有聲書及雜誌、招募與培訓義工。

「得到陳衍泓的介紹，我約彭晴見面詳談。當時我突然想起自己以往的經歷，視障人士看電影在香港似乎是一個被忽略的地帶。我是一個頗重直覺的人，見到彭晴，覺得她可以勝任，就向她提出試做電影口述影像。她問我如何做，我說我也不知，正因為一無所知，做起來沒有包袱。」陳麗怡憶述。

碰巧彭晴的膽跟陳麗怡一樣有點粗，便成為了盲人輔導會第一位電影導賞員。那時盲人輔導會還未將 audio description 定名為口述影像，只稱作「電影導賞」[02]。

彭晴笑言自己當年答應為視障人士「講戲」是挺輕率的：「我那時剛離婚，很傷心，頹廢了好一陣子，覺得不能再如此下去，於是想做一些事令自己再次振作起來。」彭晴以為電影導賞應該跟做電台節目、播歌要避免疊聲的原理差不多，就是在電影有對白時不出聲，沒有對白時才講解，便答應二〇〇九年三月二十六日到盲人輔導會禮堂，為劉偉強導演、劉德華、舒淇主演的愛情喜劇《游龍戲鳳》作導賞。

「初時我以為很容易，回去看了一次才懂得『驚』。原來講戲跟電台播歌很不一樣，播歌的時候沒有什麼是一定要說的，而電影則有一堆畫面需要描述，有時場景交接得很快，有時又會有幾分鐘空白任你發揮。」彭晴說她看了該部電影不下六、七次，第一次純粹專心看戲，之後則邊看邊練習。

口述影像電影第一場、第二場、第三場……

很快到了正式講戲的日子，三十八位視障會員手捧蝦條、飲料，安坐盲人輔導會的西翼禮堂等「睇戲」……

「我當時是真正的『戰戰兢兢』，一邊講一邊流汗，因為有一些畫面很急，有時又覺得自己好像交代得不夠清楚，心想：『死就死啦！』（豁出去了！）」彭晴說。那時彭晴身邊沒有人做過口述影像、也不知道何謂正確的方法，於是她寫了一些簡單筆記，可是到了放映時禮堂的燈已經關掉，全場一片漆黑，根本看不到筆記。

「裝修工人林九望著何韻詩站在房門外，突然以九秒九飛身向她走近，跪在她面前。啊！原來他發現何赤著腳，於是細心地逗起她的腿，把手中的毛巾鋪在地上，免她腳掌弄污……舒淇把頭放在劉德華的胸前，他們兩手擁抱著對方。猜猜下一步會怎麼樣呢……好嘢，他們把兩唇合上一片了。」[03]

完場後，彭晴仍在擔心有些段落交代得不夠清楚，誰不知會員反應十分熱烈，其中一件很多在場人士做的事就是擦眼淚。彭晴憶述：「會員很開心，有些更不停拍掌。『好耐無睇過戲啦，我宜家好開心呀。』[04]、『我終於重拾返睇戲嘅樂趣，多謝你呀。』[05] 聽到他們這樣說，我自己也哭了。」

第一章提過因車禍而失明的會員張運澄，就是在這次導賞之後寫了一首打油詩，寄給盲人輔導會：「無緣電影三十年，電影導賞遲未見，千呼萬喚始出來，從此運澄次次來。」

「那次也是我首次經歷口述影像，感覺很好。彭晴是我喜歡的節目主持，聲線好聽，而且她形容得貼切、用字優美。例如講接吻是『兩唇合上一片』。彭晴以她作為電台主持的經驗及知識去試，她是沒有稿的，單靠記憶能做到不疊聲其實很厲害。」說著，陳麗怡彷彿回到十年前的興奮狀態。

當時為了隆重其事，陳麗怡與同事更為觀眾準備了飲品及蝦條。「我們以為這樣才能吸引會員來看，後來發現這個安排不好，因為食蝦條很吵。完場後的感動場面也是沒預計到的。我們以為看完就算。沒想過他們反應那麼大、那麼感動。於是乘勝追擊請彭晴再講一場。」陳麗怡說。

應服務使用者要求，同年五月的第二場選了警匪片《證人》。

「《證人》非常好玩，有槍戰，很刺激，我又喜歡『搞氣氛』。我最記得自己一邊講一邊引導他們，譬如見到張家輝飾演的賊捉住一個人，我會說：『弊啦，宜家個賊攬住個女人，你估佢想做咩呢？』[06] 觀眾會起哄。」彭晴以三個連續的「好開心」來形容那次的經驗。「就像我們做活動司儀，最重要不是自己說話，而是帶動整個活動的氣氛。那次覺得好玩是因為原來我可以令到觀眾如此投入。他們看得高興。而且我覺得比前一次有進步。」今天回看，這種與畫面無關的提問，雖然可以引導觀眾，帶動氣氛，但卻不是正統的口述影像做法。

做完《證人》，一個月後彭晴又為她認為很難講的功夫片《葉問》作導賞。「因為不懂詠春，即使能說出一些術語例如『小念頭』等，亦很難令人明白那個動作其實是什麼，加上武打場面速度又快，沒有太多時間解釋。當時其實挺滑稽的，因為我好像不停在說『佢撻低咗、又彈返起身』[07]，用了很多這類笨拙的說法。」彭晴認為當年沒有把武打場面交代好，挺粗疏的。「後來才知道口述影像有一個標準的做法，要客觀地描述。這個原則是好的，但畢竟電影並非只有記錄元素，有時候如果想令觀眾投入，有少少personal touch（個人風格）更能帶動氣氛，令觀眾聽得過癮，這是電影的一個特色。」彭晴說。

作為觀眾的陳麗怡卻有不同感受：「《葉問》是當時的熱門電影，我記得彭晴形容武打場面：『搲、搲、搲、搲，好似搲豬扒咁搲。』[08]很生動、很好聽的。可能未必是按現時口述影像理論的一套，但當時大家都聽得高興。」

後來香港詠春聯會主席冼國林從彭晴的報章專欄中得知《葉問》放映會一事，更主動為盲人輔導會開班教授視障人士詠春，算是推動口述影像的意外收穫。

有女初長成，首遇纏綿戲

「口述影像這件事本身是吸引人的、容易打動心靈的。」前香港電影發展局秘書長兼前創意香港助理總監馮永曾說過。

盲人輔導會在二〇〇九年六月舉辦了一場電影導賞啟動禮，原本估計傳媒未必有太大興趣，沒料到有不少記者前來採訪，迴響頗大。在各方互相帶動下，越來越多人關注這件事，服務使用者亦越來越有要求。

「有會員問可否到戲院看電影，我們乍聽似乎有點遙不可及，但覺得應該去做，便計劃到戲院包場看戲。碰巧導演關信輝路過石硤尾盲人輔導會會址，看到我們宣傳啟動禮的燈箱，他說自己很喜歡電影，難得發現一件跟電影有關的好事，於是主動聯絡我們看看可以如何幫忙。這就促成了我們第一次與影音使團合作，到戲院舉辦電影《流浪漢世界盃》的放映會。」陳麗怡說。

放映會上，導演關信輝親自為視障觀眾作電影導賞。這是全港首次在戲院舉行的口述影像電影放映會。「我記得那天是二〇一〇年六月十一日，地點是又一城AMC電影院。為隆重其事，我們還為觀眾預備了汽水與爆谷。」陳麗怡說。

當百多位觀眾安坐戲院，準備在大銀幕前欣賞口述影像電影時，發生了一段有驚無險的小插曲。關信輝在綵排時發現戲院的咪高峰在電影播放期間無法同時使用。如果要用咪高峰，就要另外設置一套音響器材。可是發現的時候已經太遲。關信輝情急智生，便急急叫人找來一個『大聲公』（手提擴音器）代替咪高峰。「雖然聲音不大理想，但大家看得很開心。」陳麗怡說。

同年十月，盲人輔導會得到洲立影片發行（香港）有限公司贊助，再次帶會員到戲院觀看

導演關信輝發現戲院的咪高峰在電影播放期間無法同時使用，便找來大聲公為《流浪漢世界盃》口述影像。

正在上映的《抱抱俏佳人》。「洲立的贊助是多得導演張婉婷的介紹。因為播放《流浪漢世界盃》時，該電影已落畫一年，我們覺得心願未達，希望可以讓視障朋友到戲院看正在上映的戲，並請他們的家人一起去。」陳麗怡說。

好笑的是觀眾事後說一些場面沒有描述，他們有點不明所以，後來跟健視朋友說起，才恍然大悟自己錯過了一些親熱橋段，例如林峯跟周秀娜的床上戲。

「作導賞的是一位女主播，可能她為人比較含蓄吧。最初我們沒有提供培訓，邀請電台節目主持及電視主播是因為他們的聲線、口才及臨場應變能力。當時也沒有要求導賞員寫稿，只是請他們預先入場看數次作準備。那時候我們和義工都沒有什麼經驗，大家也是摸著石頭過河。」陳麗怡說。

「整件事是互動出來的。我們見到中心的會員開始談論電影金像獎，在日常對話中會引用電影的內容，說話也多了視覺元素。這些成果反過來燃點起我們心中的一團火，給我們力量繼續去深耕細作。」陳麗怡說。

張婉婷——電光火石間的口述影像

二〇一〇年，一位長期為視障人士錄製有聲書的義工在大學同學聚會中分享自己的義工經驗。在場的一位同學認為很有意義，她對同樣是視障服務的口述影像有所認識，便向錄音書義工提議，如果需要電影人的協助可以找她。她就是電影導演張婉婷。

義工將這個消息告訴陳麗怡。「非常巧合，當時《歲月神偷》電影光碟剛剛推出，很多視障朋友都想看這部電影，我便邀請張婉婷為我們導賞這套戲。熱線通告一出，會員反應非常熱烈，大家都想聽名導演的導賞。」陳麗怡說。

「當時我對電影業界的運作一無所知，很想找一個人當我的領航員，看看如何在戲院加入現場口述影像及在電影光碟中加入口述影像聲道。那位錄音書義工也很想玉成美事，於是安排了我和張婉婷在導賞完畢後一起吃飯，互相認識。」陳麗怡說。

張婉婷跟口述影像的緣分始於一九九八年東京國際電影節的《宋家皇朝》首映禮。「我見到前面五排座位是空的，快將放映時，導盲犬帶著視障人士魚貫而入，坐在那數排座位上。他們戴上耳機收聽即場由真人演繹的口述影像，導盲犬在座位下坐足兩個半小時不吵不動，完全沒有騷擾到別人，在場人士亦見怪不怪。那時我不知道盲人能看電影，而導盲犬在香港也不多見，所以印象非常深刻，覺得日本的做法很先進。因為首映本身座位有限，他們仍然預留五行給視障者，而安排亦妥善，覺得真正能做到尊重他們。我當時就問自己：為何香港沒有？」張婉婷憶述。

十二年後的二〇一〇年，張婉婷由旁觀者變為參與者，為自己執導的《歲月神偷》作現場口述影像。

「當時真的是『膽粗粗』去試。我以為電影由自己拍出來，一定記得，其實不然。」張婉婷說。

張婉婷解釋當時不是很多人明白口述影像的真義，也沒有訓練班。「我們當時覺得口述影像的重點就是填充沒有對白的地方，告訴視障者發生了什麼事。就算電影不是你拍的，看幾次也就可以講了。」她說。所以她覺得無需要準備，因為剪片的時候已經看了近千次，每一個鏡頭她也記得。

「鏡頭的次序我記得非常清楚，例如有一場颱風戲，首先是風吹黑色的樹葉在飄、繼而是一個 wide shot（遠鏡）拍到整條街、繼而一個 close up（特寫）見到演員李治廷坐在二樓閣樓，我們在窗外拍他對著收音機聽。我甚至連對白也全部記得。」張婉婷說。

到了真正講的一刻，張婉婷發現原來事情發生得很快，很多畫面根本來不及交代，剛想起說漏了什麼，已經到了下一個空白位。於是不能多想，也沒時間遺憾，只能一直講下去。「講戲是一個挑戰，很電光火石。我甚至沒有緊張，因為太忙，沒空去緊張。」張婉婷說。

剛剛做完的時候張婉婷很高興，雖然有些細節漏了講、某些地方又加插了自己的主觀想法，但她感受到觀眾的興奮。「當時香港的電影口述影像才開始發展不久，聽戲的機會不多。而且《歲月神偷》剛落畫，尚算新。」她說。

有了第一次的經驗，張婉婷認為電影口述影像要非常精準，所以口述影像員需要接受訓練。「為《歲月神偷》做口述影像帶點實驗性質。事後才意識到自己說多了，因為知道鏡頭的含義，有時會透露出來。觀眾可能會高興，因為也帶點聽導演說故事的意味。不過其實不應以導演的身份去講，應該以旁述的角度，不應把自己的感情投射進去，應該給予觀眾空間去感受、詮釋。口述影像的原則就是避免把自己的主觀想法放進去，因為不一定對。即使是導演，我也不可以將想法加諸於他們身上，他們有權去思考、想像。正如我自己拍戲也不會說明這個故事教訓我們什麼。作品完成了，就屬於大家。」張婉婷說。

雖然張婉婷認為自己不應以導演的身份去講，但也有觀眾因為能聽到導演親身講解而高興。翻看由盲人輔導會於二〇一二年出版的《香港電影口述影像發展計劃 2011-2012》，會員沈苑章表示《歲月神偷》是他參加過最難忘的一次放映會：「她口述得好啦，部電影又懷舊，又開心啦，知道那個年代係咁（是這樣），所以日後有多些導演來講戲就好啦。」[09]

那次之後，張婉婷沒有再講戲，因為覺得自己要接受訓練才可以再做，但她仍不時為電影口述影像的發展出力。

第一隻鐳射光碟——我們都是行動派

《歲月神偷》放映會之後不久，陳麗怡致電張婉婷跟進，是否可以將電影導賞聲道加入鐳射光碟（DVD）中，張婉婷認為可行，便開始聯絡電影界的朋友尋找機會。「鐳射光碟隨時可以看，也想讓視障朋友能像一般人一樣，與家人一起安坐家中看電影。」陳麗怡說。

不久，寰亞電影便答應讓盲人輔導會在電影《唐山大地震》的鐳射光碟中加入口述影像聲道。

陳麗怡好幾次以大膽來形容錄製《唐山大地震》口述影像聲道一事。她憶述當日得到張婉婷介紹，到寰亞的辦公室與負責鐳射光碟業務的林偉斌[10]見面，林偉斌聽完講解想一想，便答應讓盲人輔導會把口述影像聲道加入快將推出的新碟《唐山大地震》內。當時距離交給電影光碟發行公司的限期只餘六天。

（左起）林偉斌、香港戲劇大師鍾景輝、香港盲人輔導會主席羅德賢及時任勞工及福利局康復專員蕭偉強，為《唐山大地震》口述影像影碟新聞發佈會主禮。

「起初並沒有預計事情如此順利。總之有人肯給予機會，便不顧慮太多，做了再算。」陳麗怡說。

跟陳麗怡、張婉婷一樣，林偉斌也是行動派。他說當年爽快答應這個新嘗試，原因有二：公司給予他很大自由、想創新。「不要把自己說得太偉大。其實也是想創先河。」林偉斌說。他解釋當年DVD的製作已經很成熟，沒有多少創新的空間，聽到陳麗怡介紹口述影像，覺得「得喎（可行）！」DVD確實可以加入這項功能，當時主要從技術上考慮。

「聽了Emily的介紹，我想：無論如何也要把這個新功能做出來。而且我們公司也具備這條件去作新嘗試。」他說。據林偉斌描述，從前香港有一群人專門收藏特別版本的DVD、想做首先擁有特別版的人，故此DVD要有新元素才能令買家期待。而寰亞當時是香港其中一間主要發行商，所生產的DVD畫面清、質素高、花樣最多。

「只有一間發行商支持作用不大，希望拋磚引玉，令行內人覺得這件事可行，一起去做。又幫到人，大家為何不做呢？或許一些發行公司會覺得很麻煩，但我當時認為這個項目並不真的包括很繁重的工作。唯一擔心的是拖延製作時間，因為出碟的日期通常已經通知分銷商。不過跟我們合作的後期製作公司已經很熟，我對他們有信心，廠又知道我們是大客，應該沒問題。」林偉斌說。

得到寰亞同意，陳麗怡馬上把能動員的幫手都找來：彭晴負責講戲、張婉婷擔任監製兼為他們介紹相熟的錄音室 MBS Studios（傳真製作有限公司）。陳麗怡又找來當時在盲人輔導會做義工的知名演員恬妮到錄音室幫忙給予意見。

錄音那天，陳麗怡清楚記得是二〇一〇年八月二十三日，因為錄完回家便聽到菲律賓人質事件[11]的新聞。「彭晴本身有全職工作，亦未正式受過口述影像訓練，當時大家其實不肯定應該如何做，唯有靠 common sense（常識）。」她說。

在場監製的張婉婷憶述：「彭晴有準備稿，但不純粹是照稿讀，因為鏡頭空檔有時很短，未必讀得完。有時語速快一點、慢一點效果已經很不同，到了真正錄音才知，所以要預時間修訂。大家也覺得錄了音就是永久的，不但不能錯，更要清晰、優美。第一次的作品想做好些，不能『衰畀人睇』（讓人看扁），所以我們挺『奄尖』（挑剔）的，有時候覺得講得感情不夠到位也會 NG 重錄。

「我們邊錄邊改稿，有時想多加形容詞，例如有一幕很多蜻蜓在飛，便想說出蜻蜓飛過哪些地方，令視障人士聽起來緊湊一點。彭晴其實很厲害，因為當時本地未有人做過，電影頗長，畫面複雜，她花了很長時間去準備。」

陳麗怡記得錄音完畢後恬妮覺得還是不夠好，例如劇情提到地震後人們重返唐山，建設新城市，畫面有四條新馬路等景象，她認為口述部分沒能帶出地震前後景物的對比。「那一次，我們的確低估了口述影像的難度。但那是最後交出口述影像的死線，唯有『照去』（放行）。其實挺大膽的。」陳麗怡笑著說。她記得 MBS Studios 以十分相宜的價格為他們錄音，創辦人曾景祥說過視障人士也有欣賞電影的權利，所以非常支持這件事。「曾生在混音後特意再三確定效果滿意才放行。之後很多隻電影光碟的口述影像聲道製作，也是得到他們不計成本的支持才能成事。」陳麗怡說。

陳麗怡也糾結過要不要先作有關口述影像的研究才推行服務，但最終也選擇先做了出來，再按用戶反應調整。她說部分是自己擁有香港人「衝、衝、衝」的性格使然，很想將事情盡快做出來；部分是得到張婉婷的啟發。張婉婷分享，她與當年一眾新浪潮導演也是邊學邊做。

「我一路上遇到的人都是行動派，根本沒有機會停下來。與其你去問視障朋友喜不喜歡這樣、那樣，倒不如先做出來給他們看。因為那時候他們大多數都沒有透過口述影像觀賞電影的經驗，所以一定要先讓他們有實際經驗，不能抽象地問。所以我想不如做出來看看有沒有人來看，並收集視障觀眾的意見。」陳麗怡說。

「實踐本身就是研究的一部分，一次一次累積經驗，慢慢就會知如何做。口述影像不是醫學、藥劑，即使開始時方法有錯或不理想也不會害到人。再說，即使醫生也是摸著石頭過河。

新入職的醫生也要累積經驗，慢慢才能準確斷症。這類屬於人民福利的事情，要先做出來，不然左想右度，只會令熱情退卻，永遠也開展不了。」張婉婷說。

陳麗怡笑言：「這件事上我同意『實踐是檢驗真理的唯一標準』，如果要經過數年的研究可能就會不了了之。」

張婉婷以拍電影作比喻：「很多戲想得太清楚便不會開拍，因為資料搜集時已經發現困難重重。譬如《宋家皇朝》，三個女人是神枱上的偶像，加上一個代表國民黨、一個代表共產黨，當時兩黨是死敵，故事拍出來可能兩面不討好。審批方面如何通過？又往哪兒找三位像第一夫人、具氣派、儀表、風度，又能說流利正宗英語的演員？再想：資金需要龐大，往哪兒籌錢？。

「有時候不能考慮太多，有股衝動，有了熱誠，不涉人命，就要趁熱情還在勢頭上時行動。不然五年後大家都不知往哪兒去了，香港變得很快，相關人物可能已經不在其位或有其他事務纏身。錯過了一個機會，不知何時才有下一個機會。好像香港電影的黃金時期，過了就過了。」她說。

有了《唐山大地震》作示範，推廣口述影像似乎有了突破的缺口。

馮永——口述影像服務的伯樂

二〇一一年，盲人輔導會迎來了第一波發展口述影像的資金。事情源於二〇一〇年九月，盲人輔導會為本地首次附加口述影像聲道的華語電影鐳射光碟《唐山大地震》辦了一場新聞發佈會，向傳媒介紹這個電影業界及社會服務界合作的成果。當天有不少演藝界的嘉賓出席，包括鍾景輝、彭晴、恬妮、岳華等，盲人輔導會更邀請了藝人廖安麗義務擔任司儀。

意想不到的是一位不克出席的嘉賓，為口述影像的發展帶來重要契機。

「我們發了邀請給當時的商務及經濟發展局常任秘書長謝曼儀，她身在國外未能出席，回港後覺得這個項目很有趣，於是偕香港電影發展局秘書長兼創意香港助理總監馮永一同到訪本會。」陳麗怡說。當天盲人輔導會的同事讓謝曼儀與馮永戴上眼罩聽了數分鐘《唐山大地震》的口述影像。

馮永形容聽的時候內心「叮噹」一聲，好像打開了一個思想維度，很震撼。「對我來說是一個全新的經驗。之前也有聽說過口述影像，但不當是一回事。親身體驗過之後就明確覺得真的有如看到影像，可以聯想到視障朋友的感覺，而那感覺觸動到自己，覺得這件事就是要做。」馮永說。

當時謝曼儀也覺得口述影像很有意思，於是請馮永及同事跟進，看看可以如何幫忙。

「謝女士說要做點什麼的時候大家也覺得很值得，很自動自覺。事情就是這樣開始，過程並不浪漫。」馮永笑道。

回去之後，馮永就著手研究如何在電影發展局負責的範疇內幫助推廣口述影像。馮永解釋電影發展基金在兩個方面推動業界，一是資助拍電影，例如「首部劇情電影計劃」；另一方面是支持電影相關活動，例如舉辦 FILMART（香港國際影視展）、亞洲電影投資會等等。他認為口述影像服務不屬於電影發展基金支持的範疇，因為它不是一個電影的工業行為，不會直接幫到電影業。但他細想之後發覺，口述影像並非如他們當初所想的近似一個福利行為，當中涉及許多專業的過程，例如撰稿、聲音演繹、錄音、混音等，而且頗具市場潛力。

「有幾個數字很影響我，首先香港的視障人口不是一個小數目。二〇一〇年的時候，DVD 仍然是一個重要的市場，如果把口述影像聲道放進 DVD，在家播放時，除了健視觀眾外，視力不足的長者也可以看，對我們來說這已經是一個市場。至於專業培訓方面，有能力寫、講的人對我們來說也算是業界一份子。所以推動口述影像其實是在創造就業，非純粹福利，雖然不適合由電影發展基金資助，但可以用部門的另一些經費支援。這個項目有意義、又有市場，我們是『大條道理』（名正言順）去做。」馮永說。

馮永在參觀後一直跟陳麗怡保持電話聯絡。

「馮生是電影人，對電影有藝術上的要求，他認為口述影像應該是專業的事，以免浪費了導演的心機。而我們做了一年多之後亦發覺當中的難度、意識到自己不足。遇到疑問時只能靠義工交流，沒有一個較為肯定的答案，因為大家也非專家，有點到了瓶頸、突破不到的感覺。這跟平時開義工聚會討論如何辦好一個旅行不同。於是馮永跟我也有引入專業知識、培訓人材的想法。」陳麗怡說。

馮永認為要慢慢建立本地做口述影像的能力才會令服務有後續發展，所以他們的首要任務就是訓練人材。「只要有人材，不單香港可用。全世界也有視障人士，大陸有一千七百萬，台灣也有不少。」他說。

要辦培訓，首先要找資金。

星星之火，遍地生輝

陳麗怡沒有期望短時間內能籌得資金，不過停不下來的性格令她再度到處煽風點火。

「訊息無障礙中心的會員、也是作家的盧勁馳向我提過，台灣有一位專門研究口述影像的教授趙雅麗。我上網找到她的聯絡，趁著放假到台灣旅行的機會順道到淡江大學拜訪了她，她是華語世界第一位做這方面研究的人。」她說。

稍後，一直有在口述影像工作上合作的香港展能藝術會前行政總監譚美卿，又向陳麗怡介紹來自美國、曾為總統奧巴馬就任典禮電視直播做口述影像的專家 Joel Snyder。當時 Joel 要到泰國培訓，路經香港辦了一個一天的簡介會。

「我的想法是盡量多拉一些有心、有才能的人進來，便邀請了彭晴、前香港電台第二台節目總監楊吉璽等人出席。當中有些人我並不認識，只是覺得適合、又聯絡得上，便厚著面皮 cold call。」陳麗怡憶述。

簡介會上，楊吉璽對這項服務很感興趣，提問也非常有見地。「我認為楊生的電台及管理經驗一定能幫到口述影像的發展，加上他快要退休，連忙邀請他當義務顧問。」陳麗怡笑言幸虧有了趙教授、Joel Snyder 及楊吉璽這幾根火苗，因為馮永很快就發現部門有可動用的資金，但要在五天內提交建議書才趕得及審批。

當時是二〇一一年初，即是謝曼儀和馮永到訪盲人輔導會後的第四個月，馮永發了一份十多頁的申請表給陳麗怡，用作申請創意香港的資助。「見到那份申請表的時候挺頭痛的，因為裡面很多有關電影的內容，對我們來說很陌生，而且三月本來就是準備年度報告的忙碌時節。但這麼難得的機會當然要試。」她說。結果，廢寢忘餐，終於在五日內遞交了申請表。

陳麗怡以引入外國理論及經驗、培訓、實踐，作為首個「香港電影口述影像發展計劃」的重心，設計了包括十五小時的「專業口述影像訓練工作坊」、十六場讓完成培訓的學員實習的「口述影像電影欣賞會」，以及由學者和國外資深口述影像員主持，讓業界、社會服務機構及服務使用者參與的「華語口述影像研討會」的建議書。

「五天內憑空想出來的計劃，沒想過反應這麼好。」陳麗怡和同事收到二百多個電話查詢，原先預計五十人參加的工作坊吸引到一百三十一人出席。

於是，陳麗怡當統籌，趙雅麗及 Joel Snyder 作導師，楊吉璽義務擔任顧問、工作坊及研討會主持並為十六場電影欣賞會審稿及協助綵排，再加上馮永這位見多識廣的引路人，幾位重點人物在關鍵的時刻被拉到一塊，造就了口述影像發展的第一波風潮。

百多位參與計劃的學員有的留了下來，成為日後口述影像發展的中流砥柱；有的把朋友、同事，甚至上司拉進來，壯大了口述影像支持者的聲勢；有的回到社區，為持續發酵的口述影像服務默默耕耘。

二〇一一年七月三十日舉行的「香港電影口述影像發展計劃」啟動禮。左起：趙雅麗、導演羅啟銳、張婉婷、時任平等機會委員會主席林煥光、香港盲人輔導會主席羅德賢、資深表演藝術工作者麥秋、香港盲人輔導會行政總裁譚靜儀、Joel Snyder、馮永。

現身香港國際電影節，視障、健視同場初體驗

二〇一一年三月是本地口述影像史上值得紀念的一個月。除了盲人輔導會遞交首份本地電影口述影像培訓計劃建議書之外，更舉行了第一次讓視障觀眾透過耳機接收口述影像、與健視觀眾同場觀影的首映。

「錄完《唐山大地震》之後，我們覺得還有很多可以改善的地方，便想再試多一次。」陳麗怡不改好事之徒本色，厚著面皮問寰亞的林偉斌下一部出光碟的戲是什麼，可否也加入口述影像。經過一次合作，林偉斌對口述影像已有一定了解，便爽快安排了《單身男女》作為第二隻口述影像電影光碟。

碰巧《單身男女》是該屆香港國際電影節的開幕電影，馮永提議在電影節開幕時即場做口述影像，讓視障朋友與健視觀眾同場觀賞，順道向大眾介紹這項服務。

「口述影像要商業化一定要做到同場。當時的意圖是爭取業界及公眾支持，要有媒體報導大眾才會知道。在香港國際電影節加插特別項目較容易處理，而且主辦方也覺得有意義。《單身男女》本身對觀眾有一定吸引力，在香港國際電影節內成為一個特別項目有推介作用。我們覺得只要讓人知道有這麼一件事，自然會有人來支持。」馮永說。

放映場地香港會議展覽中心有即時傳譯用的設備及耳機，主辦方香港國際電影節協會預留了前三排座位給視障觀眾。開場前馮永及楊吉璽各自為口述影像做了簡單介紹。

「那次是我最難忘的口述影像經驗，因為第一次帶視障朋友看市面未出碟的電影，又是首次同步用耳機提供口述影像讓視障者與一般觀眾同場觀看。過程中視障朋友能感受到現場拍掌、笑的氣氛。如果只是一群視障人士包場看，未必有這種感受。加上是首映，戲院仍未上正場，他們會覺得自己在看『一手戲』而不是落畫後才看 DVD，多了一重優越感。」擔任口述影像員的電台節目主持鄭皓文憶述，那次是他做得最辛苦的一次。除了負責首映即場口述影像之外，鄭皓文還為《單身男女》電影光碟的口述影像聲道錄音。

學員嘉賓，臥虎藏龍

沒料到「香港電影口述影像發展計劃」會獲得如此熱烈的反應，陳麗怡初時只申請了足夠支持一位職員的資助。三月中獲批撥款、五月計劃生效、七月三十日工作坊便正式啟動，但因為種種意外，新同事要七月中才能上任，陳麗怡和訊息無障礙中心的同事唯有「頂硬上」，擔起差不多所有的前期工作：邀請講者、招募學員、聯絡傳媒。

口述影像團隊與電影《點五步》監製陳慶嘉（右五）、導演陳志發（左五）、演員廖啟智（左四）、馮永（右三）及相關單位在第四十屆香港國際電影節《點五步》首映禮上祝酒。

「我上任時只需負責執行，概念、做法經理已經構思好。」新同事周小文口中的經理就是陳麗怡。

百多名參加培訓的學員中，有七十一位成功取得基礎理論證書以及實習技巧訓練證書[12]，參加培訓的學員當中有不少仍然在為普及口述影像服務奔走。例如二〇〇九年已經加入義工行列的梁浩達亦有參與此工作坊，並在完成課程後服務至今；其他學員如王家兒、方競生、邱焱、李智慧、吳詠珊、吳嘉慧、周佩玲、姜麗儀、梁寶婷、黃淑霞、黃振鋭、顏素茵和蘇曼玲等，在培訓後積極投入口述影像服務；梁嘉賢更在二〇一七年加入了盲人輔導會的訊息無障礙中心全職工作；梁凱程則在完成有關口述影像的博士學位後成立了香港口述影像協會。最近，曾參加此工作坊的電台節目主持人司勳與急急子亦重新投入口述影像服務。

周小文憶述初時主要希望招募來自電影業界的學員，同樣接近的是廣播專業，還有現役義工及對電影有興趣的人。「我們透過很多途徑招募人材，也有聯絡電台、電視、報章作介紹。一些主要報章、電視晚間新聞也為此做了專題報導。」他說。結果學員來自四面八方，有一些行內人如美術指導、編劇，也有從事表演藝術的人士、演藝學院的學生[13]。

「其中一位參加者是前影視及娛樂事務管理處[14]的官員。她知道計劃包括十六場放映會，屬於公開放映性質，便提醒我們要做兩件事。首先要得到片主的同意、取得放映權。第二是要正式送呈相關的政府部門審批及評級，即俗稱的『檢片』，除非你有電影公司最初放映時用的核准證明書或豁免證明書。」周小文說。

「因為我們多是放映舊戲，為免麻煩別人找檔案，一般會自己申請再檢片。最初幾次遇到的問題較多，因為對方不了解口述影像是什麼。數次之後就順利多了。」據周小文說，一般再檢片的結果都跟首次放映一樣，除非是很舊的黑白片，或未有電影三級制之前的戲。

至於放映權則比較複雜。「因為一部電影可以有幾個投資者，有時又會由幾個單位共同發行。我們會到街上買來DVD，看看封套背面印的發行商是誰便主動聯絡。有些能看得出誰是『話事人』，有些則看不出來。有些較舊的電影會同時有VCD及DVD，因為DVD未普及之前，一些電影只得VCD版本，而當年發行VCD的發行商，跟後期重新發行DVD的發行商未必是同一公司，只能逐間試。」周小文解釋。

培訓計劃的後半部分是十六場讓學員實習的電影欣賞會。「從九月至三月要做十六場戲，其實很急，要篩選學員、商量做哪齣戲、處理放映權、檢片、審稿等。幸好寰亞一直很支持我們的計劃，十六場放映會共播放十三齣戲，當中大部分放映權也是由他們授予。」周小文憶述。

雁過留痕不留聲

陳麗怡回顧早期錄製電影光碟口述影像的經過，令人當下想哭、事後好笑的烏龍事層出不窮，而最令她感動的是幾位不怕麻煩、說到做到的幕後推手。他們就像武俠小說中的大俠，幫完人之後衣袖也不揮一下便瀟灑離開，別人是雁過留聲，他們卻是只留善行，不計名聲。

「錄完《唐山大地震》之後，錄音室 MBS 將拷貝交給一間後期製作公司嘉耀製作有限公司（B&O）做影碟製作。我們以為做完收得工，誰不知 B&O 的工作人員告訴我並未混音，又問要否轉制式。我完全聽不懂，只聽他們說不轉制式就做不到，便轉吧。就是那次認識了 B&O 的製作總監劉健邦，一位日後被我們麻煩無數次的人。」她說。

劉健邦坦言起初覺得陳麗怡的團隊很有心，但未成熟。「第一次撞了很多板，到了錄第二齣《單身男女》時進步了很多。起初見他們做口述影像覺得『幾得意』（挺有趣），心想：終於有人學外國做這些事。」他說。

錄製《單身男女》的時候，陳麗怡想到即使有口述影像聲道，視障朋友看不見也無法開出來聽。於是跟劉健邦商量，研究如何製作語音選單（audio menu）。「我們找來一個 BBC（英國廣播公司）製作的電視節目作參考，劉健邦很好，不介意先把語音選單做出來，再跟其他公司分享。」陳麗怡說。

「我們又從來沒想過向電影公司要劇本作寫稿用。錄完《單身男女》剛從錄音室出來便接到林偉斌的電話，提議不如把劇本給我們，我答他：『Benny，錄完了。』」陳麗怡印象深刻，說起來恍如昨天才發生的事。

「最好笑是曾經一位具偵探頭腦的記者問我：『為何總是選寰亞的戲來做口述影像？』面對那位記者時我心想：我們有其他選擇嗎？他可能覺得很可疑，懷疑我們偏袒寰亞吧。其實是因為我們只認識林偉斌，所以就不斷麻煩他，而他又真的很幫手。」陳麗怡說得無奈，卻又不無喜感。

多得林偉斌的幫助，這個惹人懷疑的局面很快就被打破。

完成第三隻寰亞出品的口述影像電影光碟《奪命金》之後，陳麗怡看上了話題之作《桃姐》，但聯絡不到相關公司。寰亞雖非該片片主，但林偉斌仗義幫忙聯絡發行工作室（香港）有限公司（Distribution Workshop），順利取得對方首肯，公司更同意讓盲人輔導會及創意香港在「香港電影口述影像發展計劃」的閉幕儀式上放映《桃姐》。

「B&O的劉健邦跟我說這是大片，問為何不多錄一條普通話口述影像聲道。我說不夠錢，他便免費讓我們錄。」陳麗怡說。「當時已受訓學員中會說普通話的不多。幸好學員兼電台節目主持邱焱小時曾在內地生活，懂得說普通話，雖稍帶口音，但我們認為只要發音正確，口音不是問題，便請她幫忙錄音。為令用字更貼緊普通話用語，義工朱睿卿也到錄音室給予意見。」陳麗怡記得當晚大家離開錄音室時已是凌晨一時：「我們也不知精力何來，忘記了明天還要上班。」

很多次，劉健邦都沒有等陳麗怡要求才出手，而是覺得對口述影像服務有幫助就主動去做。B&O 是少數在二〇一三年已獲 Apple 公司授權上傳影片到 iTunes 平台的製作公司。二〇一六年，iTunes 開始支援口述影像，劉健邦眼見很多在 iTunes 上的外國電影都附有口述影像聲道，便在開年會時問 Apple 公司 iTunes 何時會在香港支援口述影像。對方說要看需求，只要電影開始有口述影像聲道就會支援。劉健邦告訴對方其實已經有，又向對方保證如果 iTunes 香港支援口述影像，他能包辦上載手上有的口述影像聲道。劉健邦把電影名單交給 iTunes，半年之後，二〇一七年，iTunes 通知劉健邦要開始準備，因為很快會在香港支援口述影像。

由於口述影像聲道的版權屬電影發行公司，於是劉健邦請陳麗怡跟片主洽商，由片主授權 B&O 放上 iTunes，最後順利將七部電影的口述影像聲道上載[15]。

「我覺得能做多少就做多少，由無到有，總比手上有一百部片的口述影像但不用好。」劉健邦說。

二〇一一年的「香港電影口述影像發展計劃」除了培訓人材以外，還為口述影像服務帶來很多新的助力。

「其中兩位參加者是來自英皇電影的要員。他們拉了時任英皇電影的行政總裁利雅博來，參與「華語口述影像研討會」。當天利雅博剛從外地回來，甫下飛機便趕到石硤尾盲人輔導會。前一晚我在寰亞春茗上告訴林偉斌，利雅博與馮永也會出席第二天的講座，林偉斌說他也要湊熱鬧。那次之後，英皇電影非常支持我們的工作。《桃姐》之後製作的下一隻口述影像電影光碟就是英皇電影的《DIVA 華麗之後》。」陳麗怡憶述。

說起支持電影口述影像的原因，林偉斌、劉健邦、利雅博三人口徑一致，就是：絕非無私。

林偉斌這樣說過：「我喜歡電影，將來老了也希望有這個服務。」他覺得幫人最後可能幫到自己。

陳麗怡說劉健邦經常包容他們超時錄音，收費相宜，又為各式口述影像新嘗試做了大量免費工作。被問到拔刀原因，他這樣說：「我很記得陳麗怡他們提過，大部分視障人士都是後天失明的。我當時想：如果大家也像我一樣喜歡看電影，忽然有一天失去視力，就沒戲看了。做完《桃姐》廣東話口述影像之後，我跟老闆提起大部分視障者都是後天失明的事，老闆也挺意外，我們也有一個想法：會不會有一天輪到我呢？既然大家也愛看電影，是否應該為自己將來

陳麗怡在二〇一二年二月舉行的「華語口述影像研討會」上準備發言。

的福利籌謀呢？於是老闆問我要做多少工作，我說才一天功夫。老闆便叫我看看有什麼地方幫得上忙。」

至於利雅博，他在「華語口述影像研討會」上發言表示日後打算支持口述影像的製作時，沒有提到要幫助別人，只說：「因為我覺得，自己是個很喜歡看電影的人，我在想，如果有一天我看不到的時候，看不到電影就是非常非常可惜的事情，所以我也在想有什麼可以做。」[16]

三位大俠如是說，信不信由你。

粵語長片與貓山王

完成創意香港資助為期一年的人材培訓計劃後，陳麗怡為口述影像服務爭取到香港公益金首三年[17]的資助。「培訓之後有了人材，我們便將口述影像發展成為常規服務。」她說。

對比培訓階段的激情踴躍，這段時期要推動服務靠的是耐心與堅持。有時單是爭取放映權已經讓人筋疲力盡。

二〇一三年，有義工提出想做黑白粵語長片。「其實我們之前播過《難兄難弟》，很受歡迎，因為中心很多長者會員，我們也一直想開黑白片這條戲路。但是黑白片的放映權誰屬很難知道，因為當初拍戲的公司很多已經不存在。你說版權是你的我也要考證一下，當然白紙黑字印在DVD上面我們就無憑據去懷疑。」周小文說。

那次周小文與義工選了陳寶珠主演的一套喜劇，片主是另一家錄像有限公司（為免對該公司構成困擾，下稱「甲公司」）。「那套戲真的很好笑，反應很好，我們便想多開一場。甲公司的職員可能覺得我們很麻煩，即時的反應是：『吓，又開多場？』經過一輪遊說，他們跟我說：『做完這次，我們不會再批（放映權）了。我們不會再做這種事。』」周小文憶述這一段時仍然很無奈。

「其實之前洽談《難兄難弟》放映權的時候，發行的公司也有類似反應。『我們要問很多人才能讓你播。他們很難找的。』他們這樣跟我說。我估計情況是當年投資電影的前輩可能只給予公司VCD或DVD發行權。而部分話得事的人已經不過問這些俗事，公司又不想麻煩他們的後人。之後再聯絡公司想談其他電影的放映權，對方也只說：『片主沒有回覆，我們只負責發行DVD，其餘什麼也不知道。』」他說。

不過，周小文沒有放棄黑白片。「因為真的有需求，那些粵語長片其實好好睇（很好看），很多年輕人也來看。」他說。

在播放那套陳寶珠喜劇之後的數年，周小文嘗試聯絡數間負責發行粵語長片光碟的公司，吃了不少閉門羹，他覺得不能再這樣下去：「我想找出授權給他們發行光碟的原片主，看看可否從他們手中直接取得放映權，從根本解決問題。」輾轉之下，周小文找到會址在九龍城的華南電影工作者聯合會。「很可惜，他們告訴我放映權不是賣了就是捐了給電影資料館。」他續道。

恰巧這時亞洲電視有限公司牌照期屆滿、結束廣播[18]。周小文見到媒體報導說亞洲電視賣了很多電影的版權出來，有些則送了給電影資料館，他覺得機會來了。

「我在電影資料館找到一些很值得播放的黑白粵語片，館方還註明歡迎外間團體借此電影播放。誰不知電影資料館的職員說放映權現時在 TVB（無綫）手上，除非在館內觀看，否則就要向 TVB 取得放映權。」周小文說。於是他又聯絡無綫電視。

「TVB 很友善也問得很仔細，最後批准了。可是，原來 TVB 擁有的是菲林拷貝的權利。」周小文說時拍一拍大腿，彷彿看到心愛足球隊射門中柱的模樣。莫說盲人輔導會沒有播放菲林拷貝的器材，即使借回來也不懂操作。

電影資料館說可以提供鐳射光碟拷貝，不過他們的鐳射光碟也是街上買的，不是自行以菲林拷貝製作的。「我問他們：『那隻 DVD 是甲公司出的，我豈不是又要問甲公司？』這時他們才恍然道：『是的。TVB 只是說可以提供我們的拷貝給你們，即是電影資料館的拷貝。』」周小文事後說得詼諧，卻不難想像他當年的無奈。

周小文硬著頭皮又再聯絡甲公司。他要找的是甲公司的老闆黃小姐（化名）。出了信，沒回音；電話跟進，職員擋駕。

「黃小姐經常不在辦公室。我差不多隔兩天就會打一通電話給她。有一回，職員跟我說：『其實我們已經沒有再做電影光碟這個業務，我們轉了行賣貓山王（榴槤）。』我問：『那你們還處理DVD發行的問題嗎？』對方答得冷淡：『我幫你問問。』

「過了一陣了，我真的忍不住了，便問接電話的職員：『不好意思，你們的老闆黃小姐其實在不在，我想直接跟她談。』『你留下電話號碼吧。』對方答。當然又是一場沒結果的等待。

「此後，我每次致電甲公司就自報姓名說：『我是盲人輔導會的周小文，想找黃小姐。』終於，有一天，話筒轉到黃小姐手上了，她甫開口便道：『你做咩呀？你想點呀？』明顯知道我不斷在找她。

「她又忍不住問：『阿周生，其實你多大？』『我四十歲。』我答。『你是義工嗎？』她再問。『不是，我是職員。』我答。『我真的很少見人如此鍥而不捨去做一件事。其實你們究竟是做什麼的？』她問。

「至此，我終於有機會向黃小姐介紹口述影像。我解釋其實盲人輔導會已經取得電視廣播有限公司授權放映該部黑白片，只因制式問題，要用鐳射光碟播放，所以才麻煩她。『見你咁有誠意，好啦，我俾你啦。』[20]放下電話那一刻我有點想哭出來，因為我真的用誠意打動了她。她還問這是否我的第一份工。」周小文說來恍如昨日。

有了之前受觀眾歡迎的經驗，周小文請黃小姐批出兩天的放映權。可惜的是因為放映權要訂明哪一天播放，所以不能同時請對方多批幾部電影。

果然，視障觀眾十分喜歡該片。周小文發現原來電影還有續集，於是又開始找甲公司。取得續集放映權的時候已經是二〇一七年的三月，距離首次在盲人輔導會播放電影首集約五個月。

「不算成功打開缺口。」這是周小文[21]對故事下的結語。

濕地公園跟石硤尾公園的分別

兩層半樓高的四方形蛋糕上放了半個檸檬，檸檬倒轉放，尖向上——前立法會議員何秀蘭這樣形容舊立法會大樓的外形。

何秀蘭是二〇一一年「香港電影口述影像發展計劃」學員之一，完成培訓後，她不但為電影《非誠勿擾》撰寫口述影像稿，更在同年八月邀請盲人輔導會會員到立法會參觀，親自當他們的口述影像嚮導。

「我很喜歡她的比喻，她以兩層半樓高的四方形蛋糕上放了半個檸檬來形容當時的立法會大樓外形；又以麥皮（燕麥片）比喻立法會凹凹凸凸的牆身；用交通燈形容議員面前的投票按鈕。她帶視障朋友到議員座位上，請大家向横伸手，互相碰到便知座位的距離，既有創意又貼切。」陳麗怡對那次活動印象深刻。

「香港電影口述影像發展計劃」進行之前，陳麗怡已經有把口述影像技巧應用到參觀活動上的想法。「盲人輔導會不時會為會員舉辦聚會及一些外出活動。我在活動中觀察到，會員間的對話內容經常環繞義工的聲線、一些個人經驗或食物的味道，很少提及四周環境。看得見的人能投入身處的環境，會說這兒好玩、那兒又如何，但視障者根本不知道四周的事物。這樣的話，去濕地公園跟去石硤尾公園有何分別？」她說。

陳麗怡也曾經邀請義工在二〇一〇年的《清明上河圖》展覽上提供口述影像。「那次是一次大膽的嘗試。但因為未進行正式的口述影像訓練，效果不夠理想。」她說。

培訓過後，有了人材，又有參觀立法會的經驗，陳麗怡與同事們開始籌備一連串的口述影像參觀活動。

第一炮是二〇一二年十一月的「電車文化之旅」。

「電車從屈地街總站駛到跑馬地。去程的時候就向坐上層的參加者講口述影像：『現在去到哪兒？海味街，有沒有嗅到海水味？……原來中聯辦的後門就是七號差館啦。』向坐下層的講解導賞資料，例如電車歷史等。回程的時候就反過來上層講資料、下層做口述影像。」周小文憶述。

據周小文講，負責「電車文化之旅」的口述影像員李智慧，本身也是電車導賞員。其後舉辦的「濕地公園生態之旅」中的口述影像義工梁寶婷，本身亦是濕地公園導賞員，於是身兼兩職，既作導賞又做口述影像。

他記得會員黃秀珍曾在某年的「服務使用者分享會」中說，自己以前去過數次濕地公園，常叫人千萬別去，因為很悶，但自從跟盲人輔導會去過之後才發現「原來濕地公園咁正（那麼棒）！」

「當然我們不會把活動局限在義工熟悉的範疇，我們也去過美荷樓、志蓮淨苑，又參觀過北九龍裁判法院，當時更設計了由犯人欄作起點走到羈留室完結的參觀路線，讓視障人士模擬一下疑犯會走過的路。」周小文說。

有時找不到口述影像員，周小文也會臨時頂上。「跟電影不同，講電影要精準，要坐下來慢慢準備；但參觀活動的口述影像趣味性很重要，可以輕鬆一點，在對話中滲入口述影像。要到現場走一趟作準備，但未必需要逐字逐句寫下來，有基本資料即可，因為要保持彈性，到時按

視障參加者陳季生（左）與義工同遊濕地公園。

情況互動發揮。如視障朋友對某一部分不感興趣，可少說一些，比較注重即場反應。如果是一般風景，甚至可即席發揮；不過如果是文物、藝術品或重點觀賞對象，資料正確很重要，因為參加者會記住，日後作為他們跟親友的談資。」周小文娓娓道出他的口述影像心得。

現時，口述影像參觀活動已經成為訊息無障礙中心其中一項最受會員歡迎的活動。「很多時要抽籤中了才可以參加。不過如果無口述影像，就好像普通行街一樣，沒什麼意思。」會員黃清金說。

再戰香港國際電影節

二〇一五年初的一天，陳麗怡心血來潮，打了一通電話給馮永。「我不時會聯絡幫助過我們的人，他們平日都很忙，未必時常想起口述影像的事，但他們對這項服務是關心的，聽到新發展會很高興。」陳麗怡說。

馮永一直覺得香港國際電影節是猛人雲集、具影響力的活動，認為應該在電影節內推廣口述影像服務。

「二〇一一年的時候，口述影像服務並未成熟，經過五年的發展進步了不少，於是他再提起這件事。他建議我們申請創意香港的資助，跟香港國際電影節協會合作去做一輪新的推廣活動。」陳麗怡解釋。

就是這一通電話，讓視障觀眾有機會參與第四十屆香港國際電影節，透過即場口述影像欣賞五部電影：《點五步》、《哪一天我們會飛》、《華麗上班族》、《暴瘋語》和《五個小孩的校長》。盲人輔導會又與香港國際電影節合辦口述影像推廣日，在電影《點五步》首映開場前舉行口述影像交流會，探討電影口述影像在平權上的角色。

「第二次參與香港國際電影節之後，一些電影公司開始了解口述影像是什麼一回事，主動免去我們的放映費，洽談放映權的時候也比較容易。」周小文說。

不過陳麗怡仍未滿足。「大部分電影口述影像都是現場由口述影像員即席做的。即是說在放映期間，口述影像員不能上洗手間，一直要在咪高峰前講至完場為止。如果到戲院包場的話，之前還要到場地試咪。為免影響戲院運作，只能在早場前或最後一場後做。試過有義工午夜場後才試咪，回到家中凌晨三時。」她解釋。

陳麗怡的理想是令口述影像聲道成為每部電影的常規配備，即是所有電影在製作階段已經加入口述影像聲道、戲院亦安裝了相應設施，觀眾到戲院時可以選擇用耳機聽預錄的口述影像聲道，那麼不但口述影像員不用再辛苦，視障人士也可以不用苦等機構辦放映會，可隨時隨地相約朋友到戲院看戲。

雞與雞蛋的煩惱

要達到這個理想，就要得到戲院及片商雙方面的支持。因為即使電影有了口述影像聲道，亦要戲院有設備播放才行；反過來，戲院添置了設備，也得有附設預錄口述影像聲道的戲上映才有用武之地。

於是，馮永就在二〇一六年八月邀請香港戲院商會的代表到創意香港開會，討論在首輪電影預錄口述影像聲道的可行性。這個建議當場就得到娛藝（UA）院線的支持，表明願意讓盲人輔導會到旗下戲院試驗。

「其實UA一直很支持我們的工作，不但與我們合作包場辦放映會，而且從來沒有就放映會使用的音響設施額外收費。」陳麗怡說。

UA董事總經理黃嗣輝笑說，當時舉手借出場地，除了履行公司的企業社會責任之外，也是因為這件事聽上去不是很難：「只是借出場地作測試而已。」

得到戲院同意，下一步就是製作試驗的影片。「當時覺得李敏撰稿及演繹的《危城》質素不錯，可以做為 demo（示範）給業界看看。《危城》的後期製作由天下一集團負責，天下一製作有限公司總經理呂麗樺非常仗義，免費為我們做了十五分鐘口述影像與電影原聲的混音及制式輸出。原本想試做整部戲，但怕耳機接收訊號會有輕微時間落差，所以當時決定先試十五分鐘。後來，呂姐（呂麗樺）也為整部戲加入口述影像聲道。原來技術上不是我們想的那麼簡單，很多問題要解決，幸好天下一的同事非常專業，將難關一一攻破。」陳麗怡憶述。

「為何幫忙？當然要幫，我們也希望更多人能夠享受電影。」呂麗樺答得爽快。

二〇一七年三月開始，UA 的工作人員與盲人輔導會的代表在銅鑼灣時代廣場的 UA Cine Times 進行了數次測試。最後一次大型試播邀請所有香港戲院商會的會員、天下一集團的代表及香港電影發展局代表參加。測試播放的口述影像聲道效果理想，但同時也發現耳機有漏聲的問題，坐在視障人士旁邊的觀眾也會聽到微弱的口述影像。

「我們試過很優質的、要塞入耳內的耳筒，但視障人士就聽不到外面的聲音，這不行，聽不到電影原聲道。唯有用開放式耳筒，這樣電影原聲與口述影像聲道皆能聽到，但旁邊的觀眾也會聽到口述影像，這是要處理的問題。」黃嗣輝說。

天下一音效有限公司經理鄭名輝也認同應該要讓視障觀眾也享受到現場音效：「電影的混音效果、現場的 Surround 5.1、7.1（聲道環繞音響），可否讓他們感受多一些？但又不能放（除口

「我們也希望更多人能夠享受電影。」天下一製作有限公司總經理呂麗樺說。

娛藝（UA）院線董事總經理黃嗣輝（左）與高級企業傳訊經理麥佩雯。

述影像外的）其他聲入耳筒內，因為是第二個混音，會變成沒有現場感，像看 DVD，當然這方面還要多些實驗。」

與聽障者、導盲犬同行

試播之後的大半年，事情處於膠著狀態。於是陳麗怡又發揮她的好事本色，到處進行遊說。「我聽同事 Joey 提過很多次 Emily（陳麗怡）說的雞與雞蛋的問題，就想不如幫幫忙。裝置相關觀影輔助設施的投資不算太大，既然情況可行，我心想 UA 何不先在業界踏出第一步？即使當時市場上未有預錄口述影像電影，但我們覺得可以先安裝設施後再作打算。」黃嗣輝口中的 Joey 是 UA 高級企業傳訊經理麥佩雯。

黃嗣輝最後決定在 UA Cine Times 及 UA 青衣城兩間戲院裝置口述影像放映設備及耳機。「選銅鑼灣的 UA Cine Times 是因為一直也在那兒測試，但我們不想只得一間戲院有，而且 UA 青衣城是新戲院，好處是在港鐵站上蓋，由港鐵站到戲院一路上也有引路徑。」他解釋。

當時還有一個意外之喜，UA 的工作人員在測試器材的時候發現，原來他們準備購置的器材也支援聽障觀眾，於是又開始新一輪的測試，希望兩項服務同時推出。「聽障耳機有很多款式，最初供應商給我們的是頸帶款式，我們覺得效果不理想，要等到從海外寄來的耳勾式耳機再作測試。」黃嗣輝說。

「聽障觀眾的開心程度比視障觀眾更高！」黃嗣輝回憶聽障觀眾在試映會後的反應道。他解釋助聽器會將所有聲音放大，所以大部分戴助聽器的人只會在家戴上，上街時則大部分時間會關掉，因為太吵，所以以往聽障人士看戲其實大部分靠看字幕。而戲院的聽障輔助裝置可以除掉四周的聲音，只放大電影聲道，周圍的人吃爆谷、談話也不會聽到。「聽障輔助裝置的好處是任何一套電影也可以用，不用片商額外做任何功夫，受惠更直接。」黃嗣輝說。

一心為視障人士做的事也能惠及聽障觀眾，在黃嗣輝意料之外。然而意外之喜不止一個。

黃嗣輝在決定提供視、聽障輔助裝置借用服務之後，想到一件事：就是視障人士會帶導盲犬一同看戲。他於是主動聯絡香港導盲犬協會，希望會方能讓每一隻導盲犬幼犬在訓練完畢、正式成為導盲犬之前，都在UA的戲院做一次實地訓練。「如果導盲犬之前未到過戲院，第一次帶視障人士去看戲時可能也會陌生。」他說。

在戲院訓練時，職員會讓導盲犬體驗關燈前後、嘈吵及安靜等不同環境，又會看看如有爆谷落在旁邊，導盲犬會否貪吃等。「牠們真的很乖，即使初次進入漆黑的戲院，牠們依然表現冷靜和忍耐。」黃嗣輝說。

他又請協會人員指導戲院職員如何招待視障人士，例如應對及引路。「既培訓導盲犬、亦培訓我們的前線同事。」黃嗣輝非常滿意這個雙贏的安排。

《逆流大叔》，夢想成真

在UA的工作人員忙著測試器材的同時，電影公司方面也有了突破。

「二〇一七年十二月，Emily跟我們開會，提出想為電影《以青春的名義》包場做口述影像放映會，那時我們已經知道口述影像是什麼一回事，所以完全沒問題。她當時說了一句『口述影像服務很難找到電影公司支持』，我們有些不解，便問：『其實你需要怎麼樣的支持？』她說想在電影後期製作時已加入口述影像聲道，但未有公司願意去試，我答她：『我們可以。』」天下一電影發行有限公司高級發行及市場經理魏鳳書憶述。

「當然我也問了她一些製作上的問題，因為大家也在研究的階段。天下一集團業務多元化，我們有投資、發行宣傳、剪接、後期製作、音效等，其實是一條龍服務，一齣戲由零去到完成品我們也可做到。我們了解到做法主要是錄一條聲放進DCP（Digital Cinema Package）[23]，我們不當口述影像是新元素，而是劇本本身就有的一條聲道去設想，放入DCP應該沒問題，問題是如何播出來。」她說。

「那一刻我答她可以，因為我們公司常常走一些創新的路線，創新的意思不是要超越別人，例如我們常會用新導演，不一定要用大導演；也會用新演員，這是老闆的方向，就是不用墨守成規。當然也會怕配合不到時間表，幸好那時《逆流大叔》剛拍完不久，距離公映還有起碼半年，知道有足夠時間，也問了負責製作的同事，大家都爽快說可以，就試了。」魏鳳書解釋。

「聽到Mell（魏鳳書）說可以的時候，我有點不敢相信，努力了快十年的目標，就要發生了。最妙的是UA也在差不多的時間告訴我們，他們決定在兩間戲院安裝視、聽障輔助器材。」事隔一年，陳麗怡說起仍然難掩興奮。

之後的過程雖非一帆風順，例如在檢片時就遇到設備上的問題，但在各方努力協調下都解決了。

魏鳳書回憶製作過程，也經歷過不時要改對白的階段。「總之每逢改對白就要記下，讓寫口述影像稿的人知道，還有最重要是預留一個月時間做混音。」她說。

混音方面，天下一音效團隊一點不馬虎。「我們錄音後會重新將全部音效balance（平衡）一次。」呂麗樺說。她提到製作過程非常順利，而且時間配合得很好：「這不是一件很困難的事，當然也不容易，要很多parties（部門）配合工作。這部電影全程由天下一製作，這個背景下較好辦事。」

「天下一的工作團隊做事非常認真。」陳麗怡說，「記得第一次到公司開會，呂姐、電影監製廖婉虹、天下一音效有限公司經理鄭名輝及不同部門的管理層及技術人員都有參與其中，務求訊息可以清晰傳遞，有任何疑問亦立即提出。會議目標明確，很快就開完了，而且大家都知道要做什麼。這次經驗令我感受到雖然不是一個盈利項目，但天下一依然很重視。

「製作過程中他們的混音師團隊會跟我們商量、聆聽我們的意見。職員回來也跟我說，他們和口述影像員都覺得很受尊重。」她續道。

二〇一八年五月，UA 院線的口述影像觀影輔助設施啟用，同年八月二日，香港首部預錄口述影像電影《逆流大叔》正式公映。

「事後同事、老闆也很開心，開心不在於首不首部的名銜，而是現場見到視障觀眾的反應，例如去到戲院謝票時，聽到視障朋友說：『終於可以入戲院看戲。』其實也頗感動，我們平時不會知道、感受到這個。大家一定有付出，但結果大於辛苦的過程。商業角度來說，雖然多了一批視障觀眾，但不會多賺很多。只是一心將這個娛樂給予有需要的人，也令多些觀眾支持港產片。他們開心，我們也開心。」魏鳳書說。

「最大障礙/困難是你想不想做，有無心去做。」這是在訪問中，馮永、呂麗樺、陳麗怡也說過的一句話。

《逆流大叔》公映的同年，盲人輔導會接連協助製作了第二及第三齣預錄口述影像電影《非同凡響》及《翠絲》。

小結：人人每每，一點一滴

口述影像這件事從來不是一個人或某個團體的事業，是很多人一點一滴的付出。他們當中有一些未必經常在這件事上徘徊，但只要有機會，他們就會走過來、扶一把；也有些人一直在鎂光燈背後默默耕耘，不求起眼，只求視障朋友開心。

「例如關信輝導演，在促成第一次在戲院辦的口述影像放映會後，他沒有忘記視障朋友們。五年後，在他執導的《五個小孩的校長》首映後的第一天，他便安排了一場放映會給視障觀眾。

「又例如訊息無障礙中心的一班員工，他們的工作範圍從來都不包括口述影像，訊息無障礙中心做的其實是圖書館服務，口述影像服務打破了圖書館工作的規律。葉瑞雲、鍾鳳琴、蔡聆音、任寶霖、施敏賢，每一位也為口述影像加過不少的班，但從無怨言，還說因為口述影像連帶圖書也多了人問津。

視障人士金國強（右）記得一位從前曾到心光學校義務為他讀書的高主教書院學生，名叫邱禮濤，他告訴金國強他的志願是當導演。金國強後來在媒體報導中見到有一位香港導演也叫邱禮濤（中），一直懷疑此邱禮濤是否就是當年的熱心義工邱禮濤。在《葉問——終極一戰》的口述影像放映會上，金國強得到了答案。

「還有邱禮濤導演，他當年花了不少時間幫忙監製由他執導的《葉問——終極一戰》的光碟口述影像，在錄音室跟負責撰稿及演繹的李敏來回討論，如何講效果才是最好。李敏花了近百小時撰寫口述影像稿，她能用精準、生動、深入淺出的手法撰寫口述影像，得到不少視障朋友讚賞。」陳麗怡說。

口述影像得到數不清的人的幫助，他們之間有些因為口述影像結緣、有些因為口述影像再續前緣，更多是因為友人介紹與口述影像結緣。「口述影像就好像一張網，把有心人聯繫起來。一通電話、一個介紹帶來的漣漪效應不可小覷。例如一位為我們錄製有聲書的義工介紹同學張婉婷到我們這兒，張婉婷又為我們介紹 MBS Studios（傳真製作有限公司）、寰亞的林偉斌，這樣我們又結識了 B&O 的劉健邦，才有後來錄製光碟及上載 iTune 的機會。這些種種都是難得的緣份。」陳麗怡總結。

01 粵語，意即：你糟了，方丈為人很沒器量的。

02 香港盲人輔導會在二〇一一年才將 Audio Description 定名為「口述影像」，初期未定名時稱作「電影導賞」。

03 二〇〇九年四月二日彭晴在《am730》報紙專欄上憶述自己第一次做電影導賞時的內容節錄。由於當時未有正式的口述影像訓練，所以該電影導賞筆記並非根據口述影像原則撰寫。

04 粵語，意即：很久沒看過電影了，我現在很開心啊。

05 粵語，意即：我終於重拾看電影的樂趣，多謝你。

06 粵語，意即：糟糕，現在那匪徒抱住了那女人，你猜他要作啥？

07 粵語，意即：他跌倒在地上，又跳起來。

08 粵語，意即：捶、捶、捶、捶，好像把豬排捶軟一樣。

09 《香港電影口述影像發展計劃 2011-2012》，香港：香港盲人輔導會訊息無障礙中心，二〇一二年六月，第八十頁。

10 時任寰亞傳媒集團鉅星錄像發行有限公司助理總經理。

11 當日上午，一輛香港旅行團的旅遊巴被匪徒騎劫，與菲律賓警方對峙，事件持續十二小時，十五名人質中七名受傷、八名死亡，匪徒亦被射殺。

12 《香港電影口述影像發展計劃 2011-2012》，香港：香港盲人輔導會訊息無障礙中心，二〇一二年六月，第三十三頁。

13 根據活動後的統計顯示，有超過一半的學員來自電影業界。資料來源：《香港電影口述影像發展計劃 2011-2012》，香港：香港盲人輔導會訊息無障礙中心，二〇一二年六月，第三十二頁。

14 影視及娛樂事務管理處於二〇一二年四月一日解散，其廣播事務、電影評級、管制淫褻及不雅物品和報刊註冊，交由通訊事務管理局辦公室轄下電影、報刊及物品管理辦事處負責。

15 截至二〇一九年三月，盲人輔導會曾為十七部電影製作鐳射光碟口述影像聲道，當中七套的口述影像已上載到 iTunes，分別是《救火英雄》、《五個小孩的校長》、《衝鋒車》、《桃姐》、《葉問——終極一戰》、《盲探》和《大上海》。

16 《香港電影口述影像發展計劃 2011-2012》，香港：香港盲人輔導會訊息無障礙中心，二〇一二年六月，第七十二頁。

17 三年資助完結後又延續了兩年。

18 亞洲電視有限公司於二〇一五年不獲續牌，二〇一六年四月二日凌晨零時牌照期屆滿，結束於香港本地的免費地面電視廣播頻道。

19 粵語，意即：你做什麼？你想幹啥？

20 粵語，意即：看你那麼誠心，好吧，我給你吧。

21 周小文於二〇一一年七月加入香港盲人輔導會，二〇一七年七月離職。

22 原因詳見本書「具魔力的義工服務」一章。

23 即數碼戲院封裝，為數碼電影拷貝，裝載於硬碟中用以在戲院作數碼放映。

第四章

具魔力的義工服務

volunteers

CHAPTER 04

「大家也有得著，
其實不用特別多謝我們，
因為我在你們身上也學到很多。」
——口述影像義工王家兒[01]

跟自七十年代開始發展
口述影像服務的美國一樣，
香港的口述影像服務
最初也是由義工提供。
直至今時今日，
雖然市場上已經出現一些
有酬的口述影像工作，
但大部分口述影像服務
仍然依賴義工支持。

要成為盲人輔導會的口述影像義工不容易。首先要完成一個為期兩天的基礎課程，然後得通過寫稿及演繹的測試。過關後的首次實習會由顧問審稿及跟進準備情況，累積若干經驗後才能獲派獨立處理　齣電影的口述影像。過程中免不了要接受導師及顧問的意見與批評，對義工的心理質素是一個考驗。

「義工已經付出很多，但我們要保障用家體驗，因為無論綵排多久，現場只能靠義工發揮，不能中途叫停，是很大的信任。這是為何要 drill（操練）義工的表現、逐句執，對義工來說是很大的挑戰。講完第一部戲之後，一些義工發現要在忙碌的工作中抽出大量時間和心力參與口述影像服務，實在是一件困難的事。」盲人輔導會的義務口述影像服務顧問楊吉璽說。

這項工作既難度高又花時間，撰寫及練習一齣電影的口述影像動輒要花上超過六十至一百小時——即起碼約八至十多個工作天，而為參觀活動作準備則必須親身到場視察。為何義工願意在無報酬的情況下付出大量時間、心思？

舞台、機會、記錄、聯繫

跟一般義務工作不同，口述影像似乎具有某種魔力。除了助人之樂以外，義工們不諱言口

為紀錄片《岸上漁歌》作現場口述影像的王家兒在放映會的分享環節得知，視障觀眾關志偉的母親是蜑家人、會唱鹹水歌。鹹水歌是水上居民的一種歌謠，主要流行於中國珠江三角洲一帶。

王家兒受訪片段

述影像也是他們自我實現的舞台、學習的機會、永恆的聲音紀錄、新知舊雨間的聯繫。

「好像有一件事物可以讓我去創作，由我一個人完成。可能平日工作上很多事情會因為時間有限，或滿足客戶要求而妥協。口述影像容許我自己控制，悉心地去琢磨。這也有自娛的成分。日常工作不容許我咬文嚼字，滿足一下寫文章的感覺，又可以表達自己。斟酌如何寫的過程也頗享受的。」**梁浩達**說。梁浩達是盲人輔導會第一位在放映會前舉行試聽會的口述影像義工，亦是最多產的義工。他自二〇〇九年六月加入義工行列，已經講過三十齣電影。

「做了一次之後會想再做。雖然無名無利，但是一件自己嘔心瀝血做完、可以永久存在的作品。電台節目做完就好似一陣風般消失，而電影口述影像只要我保存光碟，就能永遠保留我做的一部分。」**邱燚**說。邱燚早年是香港電台的全職員工，為了取得機構同意她參與口述影像工作，除了不收酬勞，也要求盲人輔導會不要把她的名字放到電影光碟上，希望以完全無利益的方式去打動上級，最終也得到機構批准做義工。

關恩慈自二〇一二年開始為盲人輔導會錄製有聲書。她本身有朝九晚五的正職，學過配音，入過錄音室。她視口述影像為學習的過程。「越做越有興趣是因為學到很多。我覺得人生最快樂就是在每一個經歷裡面也學到新的知識。」她說。除了學習，關恩慈覺得口述影像也為她帶來許多有趣的體驗。「很多事也是我做了這份義工才有機會試。我之前也曾進錄音室配音，但電影的錄音室比我以前做配音的錄音室專業許多。我也做過其他義工，但我喜歡發聲，玩配音也是因為喜歡說話。口述影像很能配合我的興趣。」她說。

「以往很多朋友問我為何花那麼多時間做一份義工。現在回想，其實是滿足感驅使，但當時只是覺得自己的專長可以幫到人。其實過程中自己也得著很多，不同電影有不同題材，每一套戲你也得蒐集資料才寫，於是就會接觸很多未知的範疇。譬如《救火英雄》講消防，我上網找資料，找不到便問有沒有朋友認識消防員，朋友剛巧介紹了那部戲的消防顧問給我認識，現在消防顧問也成了我的朋友，我還拉他來盲人輔導會做義工。」曾是電台節目主持的梁嘉賢說。口述影像讓梁嘉賢認識到一群新朋友，包括視障會員、義工。意想不到的是多年不見的朋友在資料蒐集及招募義工的過程中得以保持聯絡。「朋友覺得這件事有意義，即使自己幫不上忙也會介紹別人來。」她說。

「一件事你喜歡，自然就會繼續做，就是這麼簡單。」蘇曼玲的聲線厚實動聽，又有製作電台節目的經驗，訪問當天她正在為香港藝術節音樂紀錄片《帕爾曼的音樂傳奇》的口述影像斟酌用字，同一週內她又被邀請為一個有關殘障藝術工作的座談會提供口述影像。她熱愛口述影像電影、喜歡寫稿多於講：「透過寫稿訓練到自己的文筆、邏輯思考——要在有限時間內講得觀眾明白而不劇透，給予我莫大的樂趣與滿足感，而且這項服務讓我學到很多。例如講西九大戲

蘇曼玲在電影《春嬌救志明》的口述影像放映會上作映前簡介。〔鳴謝寰亞影視發行（香港）有限公司提供版權〕

棚，要自己找資料：戲棚是如何搭出來的、老倌們的戲服、飾物等的正確名稱是什麼。可以說口述影像豐富了我的生活。」

顏素茵是本地最早投入服務的口述影像義工之一。她在二〇〇八年透過香港展能藝術會認識口述影像，其後參加了盲人輔導會及創意香港合辦的專業口述影像訓練工作坊，一直勇於嘗試為不同藝術類型作口述影像。「覺得這件事很有意思，我不敢說有意義，因為說有意義好像很偉大，其實這是文明社會應有的服務，是體現平權的一部分。對服務使用者來說，我只是他們眾多眼鏡的其中一副。於我而言，口述影像開了我的眼界，讓我有機會認識許多新事物，引我從不同的角度去觀察、思考，也帶我認識到不同背景的朋友，很多事——例如良好的視力——我不會再視為理所當然。自己多了很多想法，我們投入服務不是同情，是一種終極的關懷，要明白社會上各人有不同的難處。」

「辛苦的，你認真去做一件事一定辛苦，想做得好就會花時間。」二〇一一年專業口述影像訓練工作坊學員黃振銳說。黃振銳喜歡為參觀活動口述影像，因為能跟視障朋友有即時的交流、充分互動，滿足感更大。他往往會在參觀前到訪活動地點五、六次，甚至七、八次。「我想找出獨特的地方跟視障朋友分享。不同時間、不同季節有不同的聲音及氣味，每去一次也會捕捉到有趣的新元素。例如南蓮園池的『香海軒』前種有桂花、百合、九里香，走到那兒我沒

黃振銳（左）在參觀油麻地戲院活動上與視障參加者黃錦明（中）和陳惠芳（右）觸摸從前街市常用的老式秤。

有立即介紹，而是靜待他們發現香味後才開始講。又例如海防博物館，三月到訪時，走進隧道前往堡壘，牆壁及地面都十分濕滑，到了夏天正式參觀時地上已變得乾爽。」黃振銳在二〇一八年自資出版了《與我同行之口述影像入門》一書，跟同好分享實戰經驗。三萬多字的書內滿是例子及圖片，從中文書法講到上海東方明珠廣播電視塔、濕地公園到廣東點心。「構思、資料搜集到完書用了整整四年。」他說。

「每次做完都後悔，因為太花時間。」處於半退休狀態的賴子全興趣多多，除了口述影像以外還懂得手語和觸感手語，是盲人輔導會視聽障人士資源中心的義工，喜歡電影，也喜歡掌故，閒時會帶遊學團兼變身高爾夫球童。「口述影像電影挑戰大、樂趣也多，所以後悔過後又會再做。」當上口述影像員快四年，賴子全認為自己也有相當的表演慾，而剛好口述影像滿足得到他這個方面：「語言、溝通是我的興趣。做喜歡的事，從中令世界平等一些是自己的理想。」

「很多我向盲人輔導會提議的活動——例如電車遊、參觀東華義莊——都是因為自己參與過，覺得有趣。香港其實很多『好正』（好棒）的地方值得探索，很想把各方各面的香港介紹給視障朋友。」本身從事人力資源工作的李智慧同時是香港歷史博物館、戲曲中心、電車、中西區、香港文化博物館的導賞員。她曾經離港到外地工作及居住，卻鍾愛香港這個「面積雖小卻有著眾多不同風景、面貌」的地方。她認為口述影像可以訓練自己的耐心、好奇心、同理心、

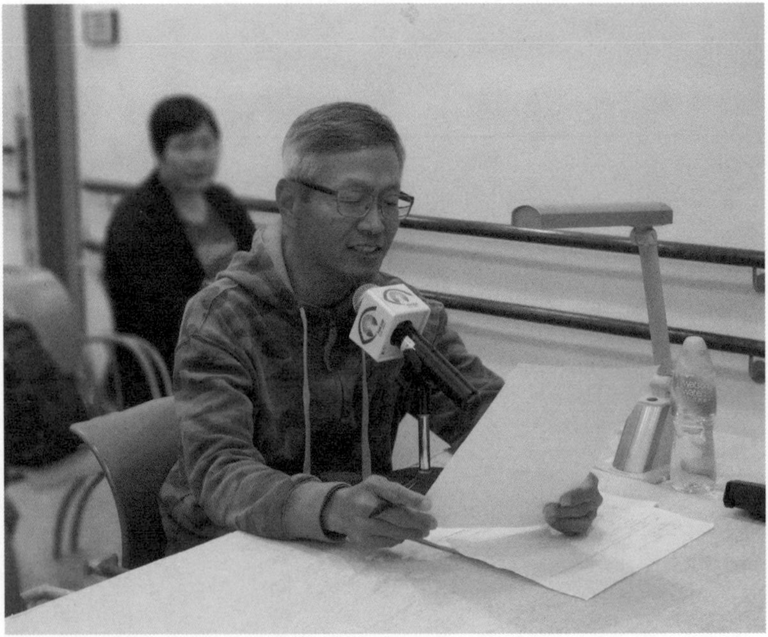

賴子全為電影《大魔術師》作現場口述影像。

觀察力、說話技巧等等，是終身學習：「每次活動之後也會找到可以改善的地方。有機會的話會一直做下去。」

觀眾反應，樂在其中

每一位受訪口述影像義工最深刻、最難忘的經驗，都是看到、聽到會員反應的一刻。

「最深刻是第一次做口述影像，講《歲月神偷》。原來觀眾真的會有反應。那次大家看得很投入，講到主角摸著無名指的一道戒指痕，他們即時說：『真陰功連結婚戒指也典當了。』完場後，有會員走過來跟我說已經很久沒看電影，也有職員跟我說某會員失明後已經半年未踏出家門，今天看戲才出來。原來自己做的事是有用的。」梁浩達說。

「最直接是做完之後會員的現場反應。以《天水圍的日與夜》為例，我自己覺得很悶，但即場感受到觀眾的興奮。譬如講到『今天他們有三道菜：炒蛋、蝦仁、還有……』觀眾會立即出聲：『唉吔，又食蛋噃。』我說：『他夾了一隻豉油碟般大的冬菇給兒子。』觀眾又會喊道：『嘩，咁大隻呀。』這些都很難忘。還有完場後有觀眾走過來跟我說：『關小姐，你講得很好呀。』這是最大的樂趣。」關恩慈說。

梁嘉賢（右）與視障朋友徐恩樂在訊息無障礙中心留影。（鳴謝商業電台提供照片）

「其實在講的過程中，你見到該笑的時候他們有笑，該哭的部分他們有哭，很投入地看戲，就會很滿足。」梁嘉賢說。

「觀眾的現場反應很重要，不是指事後的評語，而是即時的反應，到了那一刻你聽到有人取紙巾，到了某一段有人笑出聲來，你會覺得『我做到了』。」邱焱說。

「他們的好奇心就是我的動力。」黃振銳道。「你多講一些他們又會多問一些。你會感受到勾起了他們的好奇心，使他們更夠膽去冒險、探索世界。因為身體的限制，他們有時心存疑惑，又不知如何發問。當你滿足了他們的好奇心，可能止於此，也可能引發在場其他人的好奇心或興趣，令他們追問更多、知道更多。」他說。

「最深刻是在電車遊途中，年紀不輕的視障朋友跟我說自己是第一次乘電車，又有一些後天視障的朋友自從視力出問題後便沒有再坐過電車。電車是我們的日常交通工具，但因上落不易和車廂較窄，對視障者來說卻可望而不可即。」「電車文化之旅」是李智慧第一次參與提供口述影像的活動。

緊張與執著

不斷的學習、接受批評、講戲前起碼數十小時的準備，留下來的口述影像義工都有一份或數份對服務別人、對自我表現的水平、對口述影像作為一門專業的技藝、對平權等等……各式各樣的執著。

「有義工在做電影口述影像時，因為機器故障影響到效果而耿耿於懷，一年後，他向一位會員提起，會員答：『那天下午我只是來消磨一下時間，完了就不記得。』很多時候義工會非常緊張自己的表現。他們認真對待這項服務是好事，只是盲人輔導會的服務對象很多時候參與活動是消閒娛樂為主，未必會很嚴肅或知性地去看這件事。」盲人輔導會訊息無障礙中心經理陳麗怡說。

「這並不是說口述影像的質素不重要，相反，服務水平很重要。視障觀眾亦明白、同時很感謝口述影像義工們的付出，這從每次放映會或活動後的分享就看得出來。跟健視觀眾一樣，除非是影評家或行內人，否則一般視障觀眾不會想太多關於電影拍攝手法、美學、口述影像技巧等事，很多時看完的結論就是好不好看、明不明白而已。」她續道。

盲人輔導會訊息無障礙中心用者委員會委員盧勁馳認為，義工的緊張與執著部分源於這份工作的表演性質：「跟其他類型的義工不同，口述影像涉及的個人表演性質強。也有部分義工可能會視能夠錄製電影光碟為標竿。其實電影並非口述影像之全部，口述影像是一個溝通、處理媒介的服務。正如讀新聞系出來不一定要做主播，新聞最重要是你的資訊要傳達得到。」

「很有趣的是口述影像員如何看待這事，心態如何。我知道有些人視口述影像為一件藝術品，會想雕琢出一份完美的稿件，但滿足自我的過程中，會否忽略受眾的感受與需求呢？可能也有人只單純地想受眾享受電影、可以參與有關電影的討論，也有人是兩者皆著重的。大家來做義工背後各有不同原因，所有事情也是看動機與目標。」前香港展能藝術會藝術通達經理、現職西九文化區管理局無障通達項目統籌的楊慧珊說。

陳麗怡坦言，義工的執著有時也會帶來一些矛盾：「因為這項服務很新，在開始的時候連我們也不肯定應如何去做，很多方法也是跟義工們討論、實驗出來的。可以說我們的口述影像服務是跟義工一同成長的，所以義工們對服務有很深的感情，也會各自對口述影像建立了自己一套的看法，一旦發展偏離部分義工的理想方向時，難免會失望。」

「十年前，大家對口述影像也是似懂非懂，義工都是憑著熱忱及直覺去提供服務。對於視障朋友來說，能夠有機會看電影已經很難能可貴。由於當時沒有什麼框架，大家都以個人的風格去描述畫面，雖然以現在的眼光來說並不是很『正統』，但效果卻生動有趣，電影放映會更是充滿溫情。事隔多年，仍有很多會員對當年的做法津津樂道。及後，經過二〇一一至二〇一二年『香港電影口述影像發展計劃』的訓練工作坊，專家們的指引便成為了口述影像的聖經，口述影像員都改以客觀、精準以及不加上個人情感的方法描述畫面。

「有義工因為我們改變了要求而離開，因為他們覺得新的方式很沒趣，而他們工作繁忙，也未能花上那麼多時間寫稿。我們覺得可惜，但口述影像邁向專業化是發展過程中之必經階段，我們難免懷緬過去，但也必須隨著時代巨輪前行。」陳麗怡說。

陳麗怡提到曾有熱心義工表示，只有根據口述影像原則及專心一意服務視障朋友才是正道，反對邀請未受過口述影像訓練的名人參與。「我明白他們的心意，但知名人士的參與，不單令會員有更多機會接觸來自電影業界及文化界的公眾人物，更開拓了視野。當時，有電影業界的翹楚主動聯絡我們，希望服務視障人士。有人嘗試以『榕樹頭講古』的方式，一邊講述電影一邊加入文化導賞。雖然有人會覺得偏離了口述影像之『正道』，但卻為節目注入了新的養分，一些會員事後表示提升了他們的電影鑑賞能力。為突出與口述影像的分別，我把這些電影欣賞會稱為『某某與你的電影約會』。事實上，名人的參與，對服務的推廣也很有幫助，令服務得到更多資源，惠及更多人。」她說。

對於有意參與口述影像服務的知名人士，陳麗怡會邀請他們接受訓練。「演藝界名人盧覓雪就曾參加二〇一五年的口述影像訓練工作坊。我們也請了資深口述影像義工為李敏（電影編劇、作家及多媒體創作人）講解口述影像技巧。作為資深電影人，李敏在認識了口述影像基礎理論後，在演繹方面也保留了一些作家及電影編劇的風格。她的作品得到視障朋友讚賞，特別是描寫武打場面及複雜的畫面。另外，為電影《翠絲》錄製粵語口述影像聲道的蘇玉華，對自己的要求也相當嚴格。她接受我們的邀請，在錄音前幾天專程來到本會總部接受資深口述影像員的指導，並從頭到尾綵排一次，以符合口述影像的要求。

「隨著越來越多電影業界人士關注口述影像，當我們要求在某電影加入口述影像聲道時，他們都會問我們找誰人錄音，如果是專業聲演人員，他們會較放心。近來，有電影監製、導演也會看口述影像稿，他們會問及撰稿員的背景。如果撰稿員是文字工作者或電影編劇等，電影公司會較放心讓我們把口述影像聲道加入他們的電影中。」陳麗怡舉例。她解釋。

陳麗怡又提到對於錄製電影光碟口述影像聲道的人選，也曾引發矛盾：「起初我打算讓義工輪流錄製，這樣可以給義工們更多參與的機會。但顧問楊吉璽提醒我，電影光碟是商業產品，不能以非牟利的標準去做，人家嘔心瀝血把電影拍出來，我們也應以專業的水平去配合，於是唯有放棄讓非聲演專業的義工錄音的想法。但部分義工認為這樣做並不公平，也質疑沒有受過口述影像訓練的專業聲演人員錄製口述影像的資格及能力。」

曾擔任口述影像員的盧覓雪（左）在電影《衝鋒車》放映會上與陳麗怡合照。

第一代口述影像義工、也是前電台節目主持的鄭皓文說，自己後來淡出口述影像服務，除了一些私人業務理由以外，部分也是因為意識到錄音人選上的矛盾。

「口述影像加到鐳射光碟後，不再是一件個別機構閉門娛賓的事，因為導演及電影公司會在意你如何演繹，要向很多人交代，一定要有一些標準去跟。寫、講可能要分家，因為會寫的人未必懂講，反之亦然。盲人輔導會的口述影像員大部分是義工，來到這兒很多人都希望有機會出聲講，可能義工很有熱情、寫得很好，但未必具有開咪的技巧及聲線，交給別人講未必感到舒服。例如之前港台有一個節目要製作鐳射光碟，找我錄口述影像，幫忙寫稿的義工們只出名字credit（片尾名單），不能自己演繹。我相信義工們是明白的，但也可能會有人感覺不舒服或覺得是『為他人作嫁衣裳』。加上二〇一一年引入口述影像專業訓練後的新模式我覺得不適合自己，便淡出這個服務。」鄭皓文說。

陳麗怡雖然為少數義工的離開惋惜，但也慶幸大部分義工都理解會方的做法，有些甚至會拼命受訓，改良自己的聲演技巧，希望有一天能達到專業水平，可以進錄音室演繹自己撰寫的口述影像稿。盲人輔導會亦在二〇一八年一月開始為義工提供專業聲音演繹訓練，希望提升義工運用聲線的能力。「我們也花了很多時間才覓得額外資源去做這項工作。」陳麗怡說。

口述影像員最痛

現場一氣呵成演繹

很多時口述影像電影也是由義工即場演繹而非預先錄音。原因之一是如果沒有取得片主同意就私下將口述影像與電影聲帶結合並向公眾播放，可能侵犯版權。

假設片主批准，最佳做法當然是讓口述影像員安坐錄音室，把口述影像逐句錄下來，再與電影聲帶結合，這樣可避免臨場表現失準。但礙於技術問題，如口述影像聲道沒有與電影聲道結合，只是在放映時同時按下兩者的「開始」鍵，播放時間很難做到一致。而只是半秒的差距，足以造成不斷疊聲的困擾。所以現時的放映會只能靠口述影像員的過人耐力與意志支撐。

辦公時間上門寫稿練習

如果要在戲院上映的同期提供口述影像，為怕影片外泄，不少電影公司會要求口述影像員在辦公時間到電影公司寫稿及練習。遇上這類情況，有正職的義工只能犧牲年假或乾脆放棄機會。

改到最後一刻

一些本地製作的電影在上映前最後關頭仍在修改。有口述影像員分享他曾經試過明天上畫今天仍在改，最後電影跟用來寫口述影像文案的版本略有出入，一些畫面更是進了戲院才第一次見到。這時也只能隨機應變了。

遇上不喜歡的電影

對口述影像員來說累積經驗非常重要，有機會講戲的話，不論是否心頭好也不會放過。有口述影像員說曾遇上不喜歡的戲，也只能邊寫邊慨嘆。

恐怖片

盲人輔導會至今只辦過一場恐怖片的放映會，由義工賴子全口述港產鬼片《迷離夜》。不再舉辦的原因很簡單：沒有人願意講。「平時看恐怖片，畫面過了就算，不會回頭再看。如果準備口述影像就要不斷重複看，也是一種折磨。別忘記，大部分義工是下班後夜闌人靜才寫稿的……」有口述影像員這樣解釋。

小結：互惠 vs 救濟

曾有視障人士提過頗抗拒救濟式的服務，認為口述影像是相對平等的分享、互惠多於救濟。義工們亦不時強調自己並非完全無私，在參與口述影像服務時每每獲得從日常工作、生活中無法得到的滿足感或體驗，這些都是驅使他們繼續做下去的動力。或許這正是未來義工服務發展的一個方向，不再是「施比受更有福」，而是互相照顧、同時受惠。一方付出的可能是時間、勞動力，另一方給予的可以是欣賞、接納與學習的機會。最後，不論動機無私與否，口述影像義工們所付出的時間、精神的確成就了一件美事。

01

《香港電影口述影像發展計劃 2011-2012》，香港：香港盲人輔導會訊息無障礙中心，二〇一二年六月，第八十一頁。王家兒為二〇一一年由香港盲人輔導會及創意香港合辦的專業口述影像訓練工作坊學員，曾撰寫電影《人海孤鴻》及《非同凡響》等的口述影像稿。

第五章

如何經營踏實而高貴的復康服務？

ideology

CHAPTER 05

以「高貴」形容一項復康服務
乍看可能有點違和，
但盲人輔導會的口述影像服務
給筆者的感覺就是：
職員、義工、支持者們每一位都
理所當然地將視障人士視為上賓。

在很多人眼中，
口述影像可能是一項跟吃飽穿暖
無關的「額外」服務，
但提供的人無不盡力為服務使用者設想，
努力給出最好的，可能過程會犯錯、
繞了遠路，但這項服務能走到今天，
進入戲院、劇場、博物館、濕地公園……，
與服務提供者們的執著心態不無關係。

筆者是盲人輔導會二〇一二年專業口述影像訓練工作坊的學員，課程令我印象最深的一環不是什麼客觀原則、完形結構等理論，而是在工作坊之始，訊息無障礙中心經理陳麗怡（Emily）頗令人卻步的一番話，大意就是：這雖然是無酬的義工服務，但也是一項專業的服務。大家在工作坊完結後需要接受測試，通過了，肯定閣下的表現達到起碼要求才會讓你加入義工名單。因為視障人士的時間也很寶貴，來看一場電影不容易，可能要請家人朋友陪伴，即使能自己到場，看電影加上交通時間要花好幾小時，如果口述影像沒有達到應有的水平，無疑是浪費他們的時間，也會影響會員日後參與的意欲及服務發展。聽到她這麼說，我即時感覺是：很值得為這個機構服務。後來我以義工的身份在一個訪問中憶述這番話，主持人郭寶兒（Polly）——剛好也是一位社工——這樣回應：「我覺得這也是品格上的修為，這是對人的尊重，不是我現在來服侍你，所以你的時間價值就較低，生而為人，你的時間跟我的時間一樣珍貴，這是很崇高的理念。」

說這項服務踏實，因為它是按用家的需要來設定，活動中很多考慮都是日常生活的瑣碎，既不浪漫，也不顯眼。

最後，談經營不能避開人與錢。有人會視盲人輔導會的口述影像團隊為社福界的幸運兒，屢獲大機構贊助，又得到電影業者支持，才能一次又一次走在最前。不知何時開始有一個說法：「運氣也是一種實力。」且看這個幸運團隊如何迎來過人運氣。

因「小心、安全、方便」之名

「入職的時候經理提醒我：不要低估視障人士的能力。不要因為不了解視障人士的需要就以小心、安全、方便等原因犧牲服務質素。例如為防參加者咽住或弄髒地方，活動中永遠只安排紙包飲品及包裝蛋糕作茶點、吃飯從不點有骨魚類的菜式等。其實視障人士也可以很安全地飲熱飲品、吃白灼蝦、炒蜆、雞全翼等。他們吃魚都懂得吐骨，如果真的不行他們會自己避吃。」二〇一七年加入盲人輔導會負責推動口述影像服務的高級項目統籌李司政說。

盲人輔導會的會員的確有口福。我記得在活動中見過的茶點就有熱咖啡、奶茶、客家雞屎藤茶果、麻糬、雞翼、三文治、煎釀三寶和芝麻糕等。而李司政口中的經理就是盲人輔導會訊息無障礙中心的經理陳麗怡——一位曾經令我慚愧非常的管理人。為本書蒐集資料之初，我訪問了一些電影業界的人，聽過他們分析在電影首輪放映前加入口述影像聲道的難度之後，私下對此事不存任何期望，甚至覺得堅持爭取讓視障人士跟所有人一樣可以在戲院欣賞首輪電影，是執著得有點過分了。我當時以為爭取到在電影上映一週後才加入口述影像聲道，讓他們看次輪電影；或者乾脆放棄爭取，繼續到戲院包場做口述影像；或只專注在已上載互聯網的電影上加上口述影像已經足夠。

直至陳麗怡於二〇一八年五月的某一天告訴我，第一齣預錄口述影像聲道的電影《逆流大叔》將在同年八月上畫，視障朋友可以像所有人一樣隨時入戲院買票、借耳機看戲，成事的消息傳來對我是當頭棒喝。原來《一代宗師》中的「念念不忘，必有迴響」不只是電影金句。

出了事誰來扛

「『少做少錯、不做不錯、按本子辦事』這個道理我當然懂得。只是這樣工作很沒意思。」陳麗怡笑言她其實有點跟自己過不去。「為了多做一點，有時會令自己很煩惱。」

開辦新活動都會有風險：會員反應如何、過程是否順利、安全、會否出現突發事件……等等。「我們能做的就是事前多花時間、心思去準備、測試，盡量去設想所有可能發生的事及應對方法。有時突發事件難以避免，要考臨場反應，但也不能為了避開意料之外的事就什麼也不試。如果總是抱著安全至上的心態，像口述影像這類新服務永遠也無法開展。」陳麗怡說。

曾跟陳麗怡拍檔推廣口述影像的周小文憶述，一次他們計劃帶視障會員到一個新地點參觀，對方對安全性方面提出很多的顧慮，陳麗怡就出動殺手鐧：「出了事我負全責」，令對方放心讓他們參觀。「當日場地管理方派出比平日多兩、三倍的人手到場協助，挺誇張的。我們當然明白對方是一番好意，他們不熟悉視障人士，總覺得他們是需要被保護的一群。」周小文說。

對於其殺手鐧，陳麗怡這樣解釋：「其實很多單位不是不願意負責，只是有了這句話，大家會覺得事情其實比想像中可行，因為風險可控度提高了。」說得出這句話，可見陳麗怡與同事對自家團隊的流程設計充滿信心。這份信心來自不斷反覆測試、檢討流程。「事後才解釋為何出錯已經太遲，流程設計不理想影響的是用家的體驗。」陳麗怡說。

「盲人輔導會的同事給我的感覺是很大膽，也肯聽我們的訴求，而且聽完真的會有所行動。有時我們提出一些要求連自己也覺得難以執行，但他們卻做到了。例如之前我們中間有人提出『如果可以到戲院邊吃爆谷邊看電影就好了』，其實真的只是說說而已。過了一陣子，他們真的在戲院包場辦放映會，還備了汽水、爆谷。」後天視障的鄺美儀說。

她續道：「因為剛開始有口述影像電影時，放映會大都在盲人輔導會內舉行，我以為一直也會這樣，沒想過會到戲院包場，那已經是一個進步，但仍未是首輪電影，也要等出了光碟才能做。誰不知現在可以做到首輪電影上映時便同步出口述影像。只是短短九年時間，其實真的有些意外，沒想過可以這麼快便有機會看首輪電影。」

視障觀眾楊寶珍（中）接過爆谷、汽水，正進場觀賞電影《拆彈專家》。

意見回饋也是靈感來源

「就像走進一間餐廳，侍應們總在你正想招手的時候就出現。你還沒開口問，東西已端到你面前，還連同一些你本來不曾想過、用起來卻又很合心意的事物。」視障青年何睿知這樣形容他在盲人輔導會的經驗。「例如最初的電影欣賞會、口述影像參觀活動，到近期為視障人士的親友提供口述影像工作坊，這些都是對會員及家屬來說適切的服務。」他說。

「有時在一個崗位待久了，會對事情有很多想當然。『我認為這樣對他們最好』、『我認為他們需要這些』，誰不知：『你想給我最好的，但我接收不到。』」陳麗怡說。她形容機構與服務使用者之間其實有點像父母與子女間的關係，父母很多時以自己的經驗、觀點出發，沒有意識到子女的需要跟自己所想的不同。

「跟父母一樣，機構亦是手握資源的人。不透過機構，服務使用者很難享受到社會分配給他們的全部資源，因為這些資源中有一部分被派到服務機構手中。所以一定要聽意見回饋（feedback）。」她續說。

「盲人輔導會的口述影像活動幾乎每次都有 feedback 環節，每年有服務使用者分享會，平日職員及義工也會不時問我們想看什麼戲，要如何口述才能令我們聽得舒服、享受得到部戲。」

會員鄺美儀也曾出席過口述影像服務使用者分享會。

「可能有人會認為服務使用者的意見回饋或投訴是一種麻煩。但如果懂得聽，投訴可能就是下一個活動的靈感來源。」陳麗怡打趣說。

細節中的人性

有時候，人在某個領域工作得太久，會變得麻木，忘了服務對象其實是一個個真實的人。

「我聽過不知多少回這樣的故事：有朋友在活動中扭傷腳，卻沒有人意識到要即時處理，結果傷上加傷；又有在偏遠地方舉行的活動，只為參加者安排了去程的交通，完場後請大家自行回去等等。」後天失明的李啟德說。

「做服務，細節其實非常重要，用家體驗的優劣有時就在一念之差。新義工可能會因為對視障人士不夠了解或欠缺引路經驗，忘了提視障朋友路面不平，我們可否事前提點一下？或者安排新義工做其他工作，讓他們先觀察資深義工如何陪伴視障人士參與活動。」陳麗怡說。

參觀濕地公園也牽涉程序公義與運作透明度，聽起來彷彿有點誇張，但聽罷陳麗怡的解說又覺得必須如此。「受歡迎卻又名額有限的活動，最容易惹來『不公平，明明同一天報名，為何他能去我不能』之類的投訴，社福機構對這個應該不陌生。為了增加透明度，同事每次都會公開抽籤之日期、時間、地點，並歡迎會員到場見證抽籤過程，事後除了公佈中籤名單，也會公佈後備名單。這樣一來就很清楚如果有空位由誰補上，可以減少爭拗。」她說。

除了程序，選擇活動地點也考功夫。盲人輔導會經常在尖沙咀 iSQUARE 的 UA 戲院包場辦放映會，周小文解釋主要原因是戲院的位置交通方便，就在港鐵站上蓋，而且無論視障觀眾從香港島、九龍或新界來也不會太遠，而且戲院佈局簡單，只要給予視障參加者足夠指示，對他們就不會構成困難。

「服務使用者當中，即使是沉默的一群也會靜靜地影響你，有時甚至回過頭來幫助你。」陳麗怡說。例如一位後天失明的退休校長梁偉培（培叔），平時是一位非常低調的會員，他的女兒在電視台工作，培叔覺得訊息無障礙中心的口述影像服務很好，便介紹女兒來拍攝有關服務，令中心平添一個對外宣傳的機會。

劉備才能得孔明

「我頗享受跟盲人輔導會拍檔，因為他們很包容我，會預足夠時間給我準備，適合我做的事

視障觀眾雷燕芳（左一）與同行義工梁寶婷（左二）到嘉禾荃新天地參與「星期六早場：《拆彈專家》戲院慈善體驗場」活動。

會主動找我。我也欣賞 Emily 對義工的看法，不會常叫人做一些機械式的事，因為我們也需要心靈上、生活上的增值。當然一些基本工作例如分派物件還是得有人做，我也樂意做，但這兒的義工也有很多類型，我雖然主要做電影口述影像，也有幫忙參觀活動、講解餐桌禮儀，還幫手寫過一本教視障按摩師講英文的書。整個過程中我不純粹只是帶位、拖著會員行，我自己也有得著。跟視障人士的交流擴闊我的視野，其實是雙贏的，不純粹是我去幫人。」服務達十年的資深義工梁浩達說。

盲人輔導會的口述影像服務至現時為止主要靠義工支持，大部分的口述影像工作均為無償性質。陳麗怡認為義工的力量發揮得好可以影響很大，而且能達到雙贏。

「很多時義工來到我們這兒都會說『做什麼也可以』，因為他們一心只想幫人，不會計較崗位。但我也會看看他們的背景及能力安排工作，一來不要浪費他們的才能，再者他們也可在助人的同時得到較大的滿足感。如果義工本身是一間公司的主管，你請他幫忙派傳單無疑是大材小用。」陳麗怡說。

即使是看似不需要什麼特殊技能的參觀活動，在配對義工及會員上也有講究。「一般每兩名視障會員起碼有一位義工陪伴，我們會盡量按照各人的個性及背景將他們編在一組，例如安排一些『媽媽型』的義工照顧新失明的會員；一些曾經在職場打滾的會員我們會安排背景類似的義工相伴，這樣大家話題也豐富些。如果我們觀察到義工不是真正關心會員便不會再找他。」陳麗怡解釋。

遇到有才能又有心服務的人，陳麗怡笑言：「絕對不能放過。」盲人輔導會的義務口述影像服務顧問楊吉璽就是陳麗怡「有預謀」地拉進來的。

「那時彭晴告訴我香港電台第二台的台長楊吉璽準備退休，我記起他曾帶大學學生到我們中心參觀考察，過程當中看得出他很關心他的學生，真心尊重視障人士，適逢 Joel Snyder 會在香港辦口述影像簡介會，便邀請他出席。他在會上的發言非常有見地，主持人對他印象深刻。我便打蛇隨棍上，邀請他擔任顧問。」當時陳麗怡正在申請創意香港的資助，舉辦口述影像工作坊，計劃的規模不小，她相信楊吉璽在廣播、傳媒及管理方面的知識及經驗對整個培訓計劃，以至口述影像服務日後發展都會有很大幫助。事實也證明陳麗怡眼光獨到。

「楊生曾擔任電台的管理層，見多識廣。他建議我們向電影發行公司提議，在附有口述影像聲道的電影光碟上印上香港盲人輔導會的標誌，既可顯示我們的工作成果又能收宣傳之效。這是我們在錄第一隻光碟《唐山大地震》時沒有想到的。事後有人告訴我們，因為看電影光碟時留意到我們機構的標誌，才發現 DVD 內有口述影像。」陳麗怡直至現在仍深慶得人。

「其實每個人心中都有一把火，只是等你去燃點它。即使對方暫時沒有加入成為義工，也可以先向他們介紹本會的服務或有關口述影像的發展情況。緣份到了自然會成事。」陳麗怡說。

「Emily 很願意尋求外間力量去幫忙，不會唯我獨尊，亦不會要求所有事情也由盲人輔導會主導才叫正統。不論任何人參與，只要做到最好，最終惠及大家即可。這樣令更多人願意幫忙。因為要推動口述影像這件事，的確需要各方的參與，而唯一能令口述影像惠及最多人的做法，就是不斷將更多人捲入這個圈內。」先天患有青光眼的何睿知大讚陳麗怡在經營口述影像服務上心態對、方法也對。

搞社福也要商業觸覺

「以往跟不少慈善團體合作過，盲輔（盲人輔導會）給我們的感覺有點不同，他們除了了解自己的服務對象以外也很有商業觸覺，明白我們作為商業機構的考量，會考慮事情對我們的可行性，執行的時候也非常專業，很多細節位也照顧得到。」UA 院線董事總經理黃嗣輝在訪問中說。

陳麗怡歸功於高人的指點。在開始接觸電影業界的時候，陳麗怡每每就新的計劃向時任香港電影發展局秘書長兼創意香港助理總監馮永，及當時寰亞傳媒集團鉅星錄像發行有限公司的

「感謝你們的邀請，帶給我一個溫馨又開心的晚上。貴會很尊重義工，那份心思非常難得。我接觸過不少機構，視義工為手手腳腳，甚少在聚會中點名讚賞。那些十年來一直同行的支持者，他們的付出和熱誠實在值得表揚。晚會中，司儀不斷話當年，勾起了我的回憶，回家翻查電郵，原來我是在二〇一四年五月陪我的丈夫看電影《逆光飛翔》，被你們的服務感動，主動向職員提出想做義工。隨後參加了口述影像工作坊，學到不少技巧，可惜一直未能抽時間做電影口述影像，可能要等退休方能成事……期待下一個十年的聚會！」節錄自義工謝靜儀於二〇一九年三月二十一日參加盲人輔導會舉辦的「口述影像服務十週年誌慶晚會」後，以電郵發給訊息無障礙中心職員的感謝函，圖為謝靜儀（右）與丈夫吳展堃當晚合照。

助理總經理林偉斌請益。「那時我們跟電影業界接觸不多，希望多了解行業的做法，按業界準則做事，這樣才能令業內人有信心與我們合作。」陳麗怡說。她曾說過其實他們的團隊很幸運，每每在關鍵的時候就會遇上高人相助。

「顧問楊吉璽與義工方競生給我們很多啟發，他們跟我們這些長期在社福界工作的人看事情的角度不同，會糾正我們很多『社福界思維』，提醒我們不要自我設限，也別自恃是社福機構便事事祈求別人遷就、照顧。這對我們跟商界及電影業的合作很有幫助。」陳麗怡說。

陳麗怡又提到舉辦電影導賞活動的初期，電影放映會規模很小，但他們仍然堅持按業界準則做事：「長遠而言，我們相信要取得業界信任，一定要遵照正當程序。舉辦電影放映會前要徵得片主同意、取得放映權。如果是舊片，沒有電影公司最初放映時用的核准證明書或豁免證明書，就要送呈電影、報刊及物品管理辦事處審批及評級。」

負責首部預錄口述影像電影《逆流大叔》發行工作的天下一電影發行有限公司高級發行及市場經理魏鳳書，亦認同陳麗怡與同事按業界準則行事的做法：「因為大家不是一次性，而是長期的合作，這是一個有延續性的公益事業。」

陳麗怡起初覺得要跟電影業界長期合作是一大挑戰，想不到兩個風馬牛不相及的群體慢慢靠近，轉眼已經十年。

關於錢……

人生在世很難不為錢打算。盲人輔導會的口述影像服務多年來得到創意香港、香港公益金及太古集團等大機構、大企業的贊助，除了服務本身的意義及趣味性之外，也是職員們努力的成果。

「我們的口述影像服務沒有長期的資助，繼創意香港二〇一一到二〇一二年的撥款後，我們在二〇一二年得到香港公益金三年的資助，後來再獲他們撥款多資助兩年至二〇一七年，但五年資助已是上限。幸好之後得到太古集團慈善信託基金資助至今。

「長期以來，我們都為錢擔憂。因為不知道一個機構的資助完結後，能否找到新的贊助。所幸的是身邊很多有心人既知道我們的處境，又非常關心視障人士的需要，一有機會就為我們穿針引線帶來新的機會。」陳麗怡說。

二〇一五年，彭晴得知香港葡萄酒評審協會計劃與報章《am730》舉辦慈善跑活動，便推介盲人輔導會作為合辦機構及籌得之善款的受惠對象，以支持訊息無障礙中心的口述影像及圖書館服務。後來活動得到中原地產及中原薈的支持及冠名贊助，正式命名為「中原葡萄慈善跑嘉年華 2015」。雙方合作愉快，盲人輔導會在二〇一七年再獲邀與《am730》及中原地產、中原薈合辦「中原慈善跑嘉年華2017」。

除了機構資助，原來早期在電影光碟中加入口述影像聲道所需的資金，都是陳麗怡逐張光碟找個別人士贊助的。

「《葉問——終極一戰》光碟的口述影像聲道是我游說一位醫生資助製作的，」陳麗怡憶述。「其後，有一次我在講座上遇到一群眼科醫生，言談間發覺其中一位醫生非常支持我們發展口述影像服務，便主動電郵給她，游說她贊助製作電影《單身男女2》的口述影像聲道。」

有時錢也會從天而降。有一位在訊息無障礙中心服務了二十多年的資深義工，跟一班朋友成立了一個叫銘緣會的組織，他們欣賞訊息無障礙中心的工作，便主動提出想贊助一些項目，最後出資製作了《救火英雄》電影光碟的口述影像。

「口碑很重要，你不知道自己做的事會在何時何地發生什麼作用。」陳麗怡說。

草根一點更有共鳴

本地口述影像服務的發展很大部分環繞電影，電影除了是娛樂之外還是一種藝術類型。口述影像本身作為一種溝通的媒介，其好壞亦難有絕對的標準。盲人輔導會作為一間社福機構，

梁小偉（左）與領跑員參加「中原慈善跑嘉年華 2017」。（鳴謝 am730 提供照片）

如何處理有關藝術上、品味上的決定？例如：何謂合資格的口述影像員？如何判斷一個口述影像活動是否成功？

「我們對成功的定義很簡單，以服務使用者的需要、感受作主導。會員開心就是我們的成功；他們不開心，無論我們的口述影像做得多精準、多客觀、用字多優美也沒意思。搞藝術從來不是我們的目的。譬如說我請一位大師級的人來寫稿，但服務使用者不欣賞，就是我的失敗。即使是大師出品，不行就不行。反而通俗一點、草根一點，他們可能更有共鳴。」陳麗怡答。

小結：設身處地的奇幻境界

從來最有效的游說就是讓人感到「你懂我」。當「以人為本」快要淪為口號式的陳腔濫調之時，而你能站到對方的立場去想、去做，令服務使用者、贊助人、義工都覺得：「知我者，莫若你」，那麼你距離「整個宇宙聯合起來幫助你」的奇幻境界也不遠矣。

第六章

口述影像的未來

future

CHAPTER 06

本地口述影像仍然停留在個別服務團體自行策劃、籌募經費的階段，無論在政府政策、服務的規模、策劃和執行上也有很大的發展空間。如果發揮一點想像力，口述影像其實可以應用在意想不到的地方，惠及視障以外的群體。

此章拋磚引玉，就應用、商機、普及、行業生態、公眾教育等方面探討口述影像在香港繼續發展的各樣種種可能性。

影視以外的應用

不論是視障用家抑或接觸過口述影像的健視人士，均對口述影像的應用有各式各樣的想像。有人認為可以用在語文教育上，也有人覺得街景、衣物款式、食品賣相等更迫切需要描述。盲人輔導會在發展口述影像作為一個專業服務時，亦留意到口述影像服務可以非常多樣化，不只限於影視娛樂方面的應用。

盲人輔導會訊息無障礙中心職員就曾遇過視障人士查詢，是否可以舉辦訓練外籍家傭口述影像之課程，他們希望隨時隨地都可以知道身邊發生的事。

「本地口述影像服務走向專業化由電影開始，技巧要求相對較高。往後的發展可以朝著為家人、朋友，甚至公眾人士提供簡易基礎培訓的方向，協助他們在不同場合為視障人士描述周邊環境及人與事；這樣才是真正融入視障人士的日常生活當中。」盲人輔導會行政總裁譚靜儀說。盲人輔導會以往亦舉辦過為視障人士親友而設的口述影像工作坊，反應甚佳。

盲人輔導會訊息無障礙中心高級項目統籌李司政更建議只要不涉版權問題，有興趣人士可以自發為互聯網上瘋傳的短片或圖像配上口述影像，hashtag（# 標籤）口述影像，這樣視障人士只要打 hashtag 口述影像就能聽見。「例如什麼是『黑人問號』呢？就是『一個黑人青年，高大短髮，穿白衣做出一個很疑惑的表情，有人在旁加了個問號』。」他說。

「這個時代，網上的視覺資訊是需要知道的。」視障人士、訊息無障礙中心用者委員會委員任博輝說。「不能走在時代之中的盲人好辛苦。例如聽到別人取笑某某的樣子很金正恩。那麼金正恩的樣子是怎樣的呢？我完全不知道。盲人要換上大眾身份，撇除小眾習慣，是一種挑戰。」

單靠商機能成事？

各界對口述影像的應用不乏想法，要將想法付諸實行說到底就是資源。

由開始至今，本地的公開口述影像服務大多由社福機構、慈善或非牟利團體提供，內容包括口述影像員培訓、電影、話劇、各類參觀活動等，部分工作附有酬勞，但以無償形式佔大多數。除了由政府資助的社福機構提供的口述影像服務以外，其他資金來源主要依賴機構及個人捐款，也有機構曾經成功申請政府的社創基金，舉辦一些有主題性的、例如為博物館提供口述影像服務。即使二〇一八年出現了第一部在首輪上映時已預錄口述影像的電影《逆流大叔》，製作經費仍然由盲人輔導會張羅，以及靠製作公司本著公益的原則去降低收費支持。雖然當中口述影像的撰寫、聲演及監製均為有償工作，但整件事仍然屬慈善性質。

其實口述影像作為商品不是沒人想到過。前電台節目主持及口述影像義工鄭晧文就建議寫一個手機應用程式，為大量舊戲配上口述影像，讓人付費下載。問題是單憑視障用家這個市場，能否提供足夠商機去推動商人投資，開發各類口述影像服務呢？

盲人輔導會訊息無障礙中心經理陳麗怡與李司政曾於二〇一八年六月到北歐考察，其間向一間挪威的科技公司 MediaLT 取經。MediaLT 的創辦人 Magne Lunde 是全失明的，早於一九九九年便開始在影音作品中加入口述影像聲道。公司在正常營運之餘有能力投入研發新技術及服務：例如研究在電影中加強如風聲、海浪聲等環境音效，以代替部分口述影像對環境的描述，看看是否更為視障觀眾喜歡。

為確保口述影像的質素，MediaLT 會支薪聘請受過訓練的口述影像員，為電影或電視節目錄製口述影像聲道。而這些口述影像員大多本身也是演員、配音員或專業撰稿員。

MediaLT 之所以能夠以商業模式營運，很大程度仰賴當地政策及社會支持。例如申請資助拍攝電影時，挪威的資助機構會要求申請者為電影製作口述影像聲道，等於間接為口述影像服務提供資金。挪威的電視台亦早已提供口述影像聲道。但據 Magne Lunde 所講，挪威的口述影像發展其實不如其他北歐國家。

「短期而言，本地視障觀眾暫時似乎未足以撐起一個口述影像商品市場的開發，依賴私人捐款要做到普及服務亦不太可能，所以在現階段仍然是要靠政府的政策支持。」譚靜儀明言。

政策方面可支持

譚靜儀建議可以參考外國的做法，例如嘗試推動本地電視台為一定比例之電視節目，包括黃金時間的節目，提供口述影像聲道以供觀眾選擇。

英國早於一九九六年已有法例要求數碼地面電視提供口述影像[01]；美國聯邦通信委員會（Federal Communications Commission）規定自二〇一八年七月起，電視廣播及收費電視服務提供者，如擁有其中一個最多人收看的頻道，每季需要有八十七點五小時的節目附設口述影像，即每個頻道大約每天要有一小時[02]。「香港除ViuTV的節目《暗中旅行》之外，截至現時（二〇一八年十二月）為止並無其他電視節目提供口述影像。現在可提供口述影像予視障人士欣賞之影視作品，選擇數量仍然有限，遠遠未能拉近與大眾之文化鴻溝。」譚靜儀說。

陳麗怡提議政府可以要求申請者在申請「電影發展基金」的融資計劃時，承諾在戲院公映以及其後推出的影音產品，包括鐳射光碟、網上串流及下載平台等等，均須提供口述影像聲道。她認為政府可提供誘因，鼓勵提供大眾文化及娛樂活動的場地，例如劇院、博物館、電影

梁嘉賢為 ViuTV 節目《暗中旅行 2》錄製口述影像。

院和圖書館等，增設口述影像設施。

盲人輔導會訊息無障礙中心用者委員會委員盧勁馳則認為，可以先倡議政府認可文化、藝術通達作為其支持的政策方向，草擬一個正式的政策文件，以便將來尋求更長遠的發展。

「口述影像是一個很有底氣去要求支持的項目。跟政府說人權公約[03]要如何執行，政府未必很快回應，因為人權公約只是一些原則和概念，可以無限發揮，但口述影像靠民間力量已經發展了快十年，我們先不求政府資助，但可以要求 official endorsement（正式的政策認可）。政府現在也不是完全沒有資助，也有很多慈善機構支持。除錢以外，一些政策規劃上的改革是需要的。例如盲人輔導會的訊息無障礙中心是社署（社會福利署）轄下提供圖書館服務的機構，但它的規模不能跟康文署資助的圖書館相比，這是政策層面的事。民間集合了許多資源、做了很多，也有新的發展，但復康界、福利界在概念上與時並進的程度卻仍然很低。」盧勁馳說。

視障人士鄭惠瓊的兒子陳嘉康認為理想的做法是由政府立法：「例如由政府立法規定一定要有口述影像設施才發戲院牌。正如現在巴士一定有輪椅位、路標一定有點字，我覺得是社會發展的必然方向，吃飽了，滿足了基本需要，再下去就要照顧弱勢社群的特殊需要。當然立法前有很多步驟，要做社會宣傳、公眾教育，這些要靠不同機構帶動。要令所有人有這個意識才會有人去爭取。如繼續只是小眾活動的話，即是一班人自己圍爐取暖，永遠只會是小眾服務。要令大家覺得口述影像在電影來說是必須的，就自自然然推動到。為何巴士會設輪椅位？有多少人坐輪椅？都是靠社會輿論做起。這是一個漫長的過程，可能是十年的項目。但你要有計劃，如果只靠一時興起，很多人進進出出，就沒有一致性。」

小團體更靈活

陳麗怡認為過往口述影像服務多由較有規模的服務機構提供，受政府資助的大機構要受公眾監察、面對政府及捐款人，很多時候會比較保守，靈活度反而不及一些較小的團體。

「不受政府資助的機構可以嘗試更多新方向。例如一些較另類的電影或涉及暴力等題材的節目，視障觀眾對這些節目也有需求。」她說。

公眾教育——隨時隨地，口述影像

二〇一八年四月，一個兩岸三地的口譯比賽在香港城市大學舉行，負責的教授想藉這個機會讓內地及台灣參加者體驗口述影像、同時向視障學生介紹口譯工作，便邀請普通話了得的盲人輔導會資深口述影像員邱焱提供口述影像。

「我當初很有保留，但教授很想做，還發給我初賽的錄影，讓我研究如何描述，便『膽粗粗』去做。比賽結束後，廈門大學一位老師及台灣某大學研究所所長走過來，問了我很多有關口述影像的事，我才發覺教授是對的，真的可以做到。大家也沒試過，沒想到這樣一場比賽也可以口述影像。我初時擔心有什麼可供描述呢？學生每位也穿得很正式，不會有什麼花巧。但去到現場就會發現，只要你觀察就會找到要描述的地方。會方建議我可以做少量評述，我發現口述影像跟評述兩者是可以結合一起做。譬如學生上台的身體語言給人的感覺是否自信，跟觀眾有否眼神接觸等，可以是評述，也可以是口述影像。有一位參賽者體形略胖，其他人端莊地走上台，他則輕輕鬆鬆跑上台，還要面帶笑容。由於參賽者中只有他是胖子，我就說：『一個微胖的男生充滿自信地小跑上台。』『微胖男生』那句一出，現場有用耳機聽的人笑得很大聲，但沒用的就不知發生什麼事。那一刻感到，原來聽到跟聽不到的反應很不同。」邱焱憶述。

「其實口述影像不是很多人想像般那麼小眾的事。懂得應用，它可以為任何人服務。如旅行後向親友介紹到過的景點，口述影像技術就能令描述更精彩。」陳麗怡說。

陳麗怡認為可以先在一些有視障學生就讀之主流學校，為視障學生的老師及同學提供口述影像的基本技巧訓練，一方面培養他們的同理心，讓他們意識到視障同學的需要；同時也可提

視障人士方日恩（中）與她媽媽（左）贈送自製的紀念狀，以賀香港盲人輔導會口述影像服務十週年。

昇他們的語文能力及溝通技巧。

「當大家也懂得這個技巧的時候，所有人也可以隨時隨地為視障朋友口述影像，簡單地告訴他面前餸菜的模樣、衣服的樣式、房間的格局。」陳麗怡所說的也是視障青年何睿知、游偉樂及冼頌恩對口述影像的願景：希望口述影像成為人們跟視障人士相處時自然就會做的一件事。

小結：與整體社會共進退

社會的大環境能否讓一項主要以弱勢社群為對象的服務有所發展，很能看出一個地方的人民的生活狀況及精神面貌：是否足夠富裕、人文關懷發展的程度、對小眾的包容度等等。口述影像在過去十年的演變反映出香港社會的進步，視障人士意識到自己理應享有跟別人一樣的文化生活，除了他們的家人以外，社會大眾也關注、支持他們這項權利。至於未來能走多遠，不能單靠數個機構或個人的願景和魄力去成就，而是取決於整體社會是否持續步向開放與文明。

01 資料來源：英國盲人協會（Royal National Institute of Blind People, RNIB）。參考連結：https://www.legislation.gov.uk/ukpga/1996/55 以及 https://www.rnib.org.uk/information-everyday-living-home-and-leisure-television-radio-and-film/audio-description。

02 資料來源：美國聯邦通信委員會（Federal Communications Commission）。參考連結：https://www.acb.org/adp/docs/FCC%20Increases%20Hours%20of%20Video%20Description.pdf 以及 https://www.fcc.gov/consumers/guides/video-description。

03 聯合國《殘疾人權利公約》自二〇〇八年八月三十一日起對中華人民共和國生效，並適用於香港特別行政區。

後記

那些年，我們一起走過的日子

香港盲人輔導會
訊息無障礙中心
經理
陳麗怡

初期的電影口述影像，講的人未受過正式訓練、沒有理論作基礎，就像當年在學校門口等你的那位少年，他或許生澀莽撞、不夠上道、不懂得給你空間，卻讓你難以忘懷。也許是年月為回憶添上朦朧美，播著你的更多怕是那單純的熱情。

開始這個服務時規模很小、方法很原始，但是觀眾的反應卻很熱烈。那是一個充滿第一次、混沌而美好的時期。

如果可以時光倒流，我真的想把那段日子延長一點。初期的電影導賞沒有框架，講的人會搞氣氛，跟觀眾好像朋友一樣，氣氛輕鬆。當然，經過專業培訓後的口述影像較為精準，早年的原始做法，實在不能登大雅之堂。

口述影像發展到今天的規模，就好像城市的發展，很多昔日的舊店、街坊的情誼都被現代化改變了。不過，專業化的做法更為電影業界接受，亦可確保視障觀眾能夠接收到精準的描述，藉此提升視障觀眾之電影欣賞能力。

二〇〇九年三月至二〇一一年六月可說是口述影像發展的嬰兒期。在這段期間，我們並沒有額外人手及資源去做這件事，一切都是由訊息無障礙中心的職員付出額外時間及心力完成。其實，我們舉辦電影欣賞會，中心職員的工作也增加了不少，但他們忙得很開心。

我記得幾位圖書館職員包括鍾鳳琴、任寶霖及蔡聆音等在不同場合分別說過：「現在多了人來看電影，連帶也多些人出來借書、借音樂光碟及電影光碟，非常好呀！他們多些出來活動，總比坐在家中好。」雖然工作量增加了，但圖書館櫃台的同事都很支持，也不介意付出額外時間幫忙。

那時候，協助我舉辦電影欣賞會的主要是中心秘書葉瑞雲（Angel）。一個數十人參與的電影欣賞會，從場地佈置、義工安排、音響等等，都由她來協助。這些對於她來說都是額外工作，但她見到視障朋友開心，便義無反顧地付出。

由於視障朋友希望能夠多看些電影，彭晴和我便分頭找多些人來幫忙。鄭皓文便是彭晴拉進來的另外一位電台節目主持人。鄭皓文非常喜歡做這件事，視障朋友也喜歡他的聲音，觀眾的讚賞又推動他為大家講更多電影。在口述影像服務發展的初期，鄭皓文是講電影最多的義工。同時，我亦找來錄音室義工幫忙。他們原先只是協助錄製有聲書，但也被我拉進來講電

二〇一九年五月，香港盲人輔導會與 UA 院線以及香港導盲犬協會、香港聾人福利促進會合作的「同聲同『戲』‧觀影共融」服務計劃，獲得香港社會服務聯會「商界展關懷 2018/19 年度之傑出伙伴合作計劃獎」。

影。當時講電影的門檻較低，只要說話清晰，咬字準確，不疊聲便可以了。在今日的標準來說，好像有些粗疏，但當時每一個參與的人，在沒受過訓練的情況下，都全力以赴，按照自己能做得最好的方式來做。對於一般義工來說，要看著畫面兩小時，形容銀幕出現的重要影像，又不能疊聲，已經很吃力。有一位義工講完電影後告訴我她開始胃抽筋。

得到創意香港資助舉辦「專業口述影像訓練工作坊」之前，義工們都是憑著一股熱誠去摸索、嘗試。導賞員（那時未正名為口述影像員）、觀眾、職員、支持者一起看著一件事從無到有，大家的目標共同而單純，就是想繼續做下去。當時也沒有人審查導賞內容，只是信任：觀眾信任導賞員會給出最好的，導賞員也以十二分的努力回報觀眾的支持。

義工們例如彭晴、尹淑嫻、鄭皓文、麥愛玲、吳嘉慧等都很關心視障觀眾，放映會內外也有很多交流，那是一種溫暖、親密的氣氛。那時候，我們還未認識口述影像，便把這項服務稱為「電影導賞」，大家只是以熱誠去做這件事。在今日的眼光而言，當年的口述影像服務只能說是「業餘」水平。

二〇一一年七至八月舉行的「專業口述影像訓練工作坊」是本會電影口述影像發展的分水嶺，邀請了來自美國與台灣的專家到來教授理論及分享經驗。其後舉辦的電影欣賞會，我們便嘗試應用專家教授的口述影像技巧，改善口述影像稿及聲音演繹。我們邀請了前香港電台第二台節目總監楊吉璽先生出任義務口述影像服務顧問，楊先生認為要使視障人士能有效地欣賞電影，口述影像員的質素很重要。為了確保服務質素，他要求所有參加訓練的人，都必須參與「口述影像評估工作坊」，合格了才能提供服務。至於暫時未達標的參加者，如有興趣繼續參與口述影像服務，日後亦可要求再參與評估，他也樂意協助未能達標的參加者提升水平。

工作坊之後，大家對待此事嚴肅起來，氣氛也不一樣了。懷念之餘，我明白隨著服務不斷發展，口述影像無可避免會趨向規範化、理論化。

有了創意香港的資助，我們得以聘請口述影像服務計劃的第一位職員周小文先生。由於最初我們預計參與工作坊的人數約為五十人左右，所以只申請了一位職員擔任項目統籌，為期一年。沒料到計劃非常成功，無論是培訓計劃的內容、傳媒採訪的數量及口述影像活動的規模，都超出我們的想像。我和小文差不多每週工作七天，每天接近十二小時，但由於見到成果，我們都樂此不疲。回想起這段期間的辛勞，我真的要再向小文及其他訊息無障礙中心的同事說聲感謝。

及後，為了使視障朋友能夠參與更多文化活動，我們把口述影像技巧應用到參觀活動中，讓視障者能夠掌握景點的特色。

不過做拓荒者真不容易！那時候，很多文化場所，如戲院、劇場、博物館及不同的景點都極少有視障人士的足跡，因此負責的職員都不知如何處理。當小文與不同的場地負責人聯絡時，有些人表示他們沒有相關經驗，要求我們提交一些文件，提供這樣、那樣的措施，確保參加者之安全。也有些人會因為怕麻煩，用盡各種藉口想我們打消參觀該景點的計劃。

小文有拓荒者的精神，不怕困難，衝破了不少障礙。他很有禮貌地向不同場地的職員解釋視障朋友的需要，終於打動了他們。最初，有些負責人知道盲人輔導會的朋友要來看話劇或舞台表演，便派出比平常多兩、三倍之職員當值，挺誇張的。經過了第一次，他們發覺視障朋友一般都能行動自如，而我們每一次都安排了適當比例的義工協助，他們便逐漸對我們有了信心。現在，視障朋友參與主流社會的活動，比從前方便得多了。

口述影像服務之所以能在過去的十年間迅速發展，實在集天時、地利、人和之效。首先，提供服務的人，無不盡心盡力，無論在活動流程設計、義工分配、交通及食物安排等，都能切合視障朋友的需要。

在義工招募方面，我們透過義工服務簡介會、口述影像訓練工作坊及定期舉辦之義工活動，向申請加入成為義工之人士說明我們的理念。我們相信「服務使用者的滿意程度，是量度我們工作成效的標準」，有系統地吸納認同我們的理念、並願意和我們一起深耕細作去優化服務之人士，加入義工行列。好的服務質素會令用家有好的體驗。他們口耳相傳，促成了口述影像

參觀虎豹樂園活動，圖為義工卜國成（前右一）、官譓婷（中）及視障參加者劉兆昌（前左一）。

左起：視障參加者鄭惠琼、黃錦聰和盲人輔導會前職員施敏賢一同參觀濕地公園。

發展的氣候，也滋養了口述影像發展的土壤。

很幸運，我們在每一個階段都找到對的人幫忙。每一個階段都充滿著很多第一次，因此需要有拓荒者精神的人來打頭陣。初期有導演張婉婷、前寰亞傳媒集團鉅星錄像發行有限公司助理總經理林偉斌、嘉耀製作有限公司的製作總監劉健邦、傳真製作有限公司總經理張敏儀、前創意香港助理總監兼前香港電影發展局秘書長馮永，及前香港電台第二台節目總監楊吉璽等。

我們也真有點運氣，因為有些人是從天而降的！二〇一〇年，到戲院看電影對視障觀眾來說還是一件遙不可及的事，導演關信輝路過石硤尾，見到有關口述影像的宣傳燈箱，就一手促成了我們與影音使團合辦《流浪漢世界盃》電影欣賞會。那是我們首次安排視障朋友到戲院看電影。當天，關導演答應下次有新作品一定會與我們分享。二〇一五年三月，關導演兌現承諾，主動聯絡我們，親自為他執導的賣座電影《五個小孩的校長》作口述影像。他在首映後第一天便舉辦了一場口述影像電影欣賞會。在描述畫面時，關導演自己也禁不住眼濕濕，他的傳神演繹加上電影的感人內容，觸發不少視障觀眾紛紛拿出紙巾擦眼淚。

另外一位從天而降的電影人是編劇及多媒體創作人李敏。二〇一三年一月，李敏和她的女兒到本會擔任售旗義工。我即場向她介紹口述影像，她一聽便很感興趣，表示希望能夠協助視障人士觀賞電影。那時由李敏編劇、邱禮濤執導的電影《葉問——終極一戰》預計在同年四月上映。李敏於是夥拍導演邱禮濤為電影製作口述影像，由她寫稿並作聲音演繹，邱導演擔任錄音監製。這套電影有很多武打場面，李敏簡潔、精準的描述令觀眾大開眼界。我們後來把口述影像聲道加入該片的電影光碟中，大受視障朋友歡迎。

我們一直希望本港的戲院能添置口述影像設施，亦期望本地的電影公司可以在電影公開上映前加入口述影像聲道。這樣，視障朋友便能像健視觀眾一樣，隨時選擇戲院及場次，觀賞自己喜歡的電影。

二〇一七年十二月，我們期待已久的另外幾位拓荒者終於出現了。我們在天下一電影發行有限公司重遇發行總監蔡嘉欣及高級發行及市場經理魏鳳書。我是在錄製《桃姐》電影光碟的口述影像聲道時認識她們的。聽到我們想在電影上映前加入口述影像，她們都十分支持。不過因為香港還未有公司做過，在技術層面及製作流程上需要花心思去研究。其後，我們又認識了天下一製作有限公司總經理呂麗樺。他們不怕困難，整個團隊和我們一起摸著石頭過河，做出全港首套附設預錄口述影像的電影。

在此期間，我們得悉UA院線也落實帶頭在他們旗下的兩間戲院設置口述影像設施。戲院有了口述影像設施，電影公司又願意製作附設口述影像的電影，視障人士觀賞電影的新里程就此展開！

二〇一八年八月二日，我們舉辦了「口述影像電影新里程暨《逆流大叔》電影欣賞會」。在拍攝此項活動的宣傳短片時，我問 UA 董事總經理黃嗣輝：「你們的員工沒有接待視障觀眾的經驗，怕不怕會收到很多投訴或引起員工與這群新觀眾的磨擦？」黃嗣輝輕鬆地答：「我們已做了內部員工培訓，也邀請了香港導盲犬協會到場協助員工了解視障觀眾的需要。可以做的，我們都盡力學習、盡力去做。不能預料的，就讓觀眾與員工互相磨合、互相適應吧！」這是具有拓荒者精神的人才能說出的話。

視障人士看電影的新里程開始後，我們需要更多人接力，這項服務才能在社區紮根。天下一口氣就答應讓我們在三套電影加入口述影像，打下了極好的基礎。而《逆流大叔》上映後不久，我們就跟高先電影有限公司合作，為電影《非同凡響》錄製口述影像。而戲院方面，繼 UA 之後，位於九龍灣的 The Metroplex 星影滙、新城市廣場的 MCL 院線 MOVIE TOWN 以及香港藝術中心古天樂電影院亦增設了口述影像設施。不過參與的院線及電影公司數目仍然不多。

無障礙設施的建立，需要整個社會參與。我相信只要大家多行一步，明白這件事的意義，設置無障礙設施就會變得如同安裝燈泡般自然，不安裝反而令人感到奇怪呢！一個像香港般富裕及文明的城市，絕對有條件關顧不同觀眾的需要。

集合了各界有心人的力量，口述影像服務不斷發展，漸漸得到外間機構的肯定。二〇一三

香港盲人輔導會的口述影像服務獲得香港社會服務聯會的「2013 年度卓越實踐在社福獎勵計劃之社區觸覺獎」。時任復康服務總監鍾淑明（左二）、訊息無障礙中心經理陳麗怡（左三）、職員周小文（右二）以及蔡聆音（右一）一同領獎。

年十一月，我們的視障人士口述影像服務榮獲香港社會服務聯會的「2013 年度卓越實踐在社福獎勵計劃之社區觸覺獎」。二〇一九年五月，我們與 UA 院線以及香港導盲犬協會、香港聾人福利促進會合作的「同聲同『戲』．觀影共融」服務計劃，獲得香港社會服務聯會「商界展關懷 2018/19 年度之傑出伙伴合作計劃獎」。上述獎項令中心職員、義工及支持此項服務的人感到非常鼓舞！

回想起來，在推廣口述影像服務的十年間，我們喜見本地不同界別的社會人士都認同我們的服務理念，並樂意在各人的崗位盡一分力，協助視障人士平等參與社會。能夠與一班有心有力的人合力開展口述影像服務，實在是我的榮幸。

從最初的電影導賞到今日的口述影像，由電影擴展至舞台表演節目，以至參觀活動等，服務豐富了，人也成長了，也許只有初次相遇的感動仍然不變。

九十年代及二千年早期	時任香港展能藝術會執行秘書莫昭如於九十年代及二千年早期嘗試將口述影像服務引入香港，但因為種種原因未能成事 [01]。 二千年前後，莫昭如自美國帶回數盒口述影像錄影帶教材，香港展能藝術會職員譚美卿將教材與香港浸會大學翻譯學課程副教授楊慧儀分享，並提倡將口述影像連結到翻譯訓練。
2005 年－2007 年	2005 年，楊慧儀獲得浸會大學撥款，設計首個共 30 小時的口述影像課程，於 2006 年在大學內試驗教學；並將結果寫成論文，在 2007 年刊登 [02]。
2008 年－2009 年	香港展能藝術會得到香港藝術發展局資助，進行名為「藝術同參與」的觀眾拓展先導計劃。計劃包括由楊慧儀及祝雅妍主持共 20 小時、內容涵蓋不同藝術類別的口述影像工作坊 [03]。
2009 年 3 月	香港盲人輔導會在石硤尾總部禮堂舉辦了首場口述影像電影放映會，由彭晴為電影《遊龍戲鳳》提供口述影像，當時稱為「電影導賞」。
2009 年 9 月	香港展能藝術會舉行「全民一人一故事劇場系列」，並設有「劇場視形傳譯」及「口述影像」，是本地最早期附設口述影像服務的藝術活動 [04]。
2010 年 6 月	香港盲人輔導會及影音使團於九龍塘 AMC 電影院合辦首次在電影院進行的口述影像電影放映會，名為「視障人士電影導賞《流浪漢世界盃》電影欣賞會」，由該片導演關信輝擔任口述影像員。
2010 年 9 月	香港盲人輔導會為首次附加口述影像聲道的華語電影鐳射光碟《唐山大地震》舉辦新聞發佈會 [05]。

2011年3月	香港盲人輔導會在香港國際電影節的開幕電影《單身男女》首映上，提供即場口述影像服務。首次讓視障人士透過耳機接收口述影像，與健視觀眾同場觀影。
2011年5月–2012年6月	商務及經濟發展局轄下的創意香港與香港盲人輔導會合辦「香港電影口述影像發展計劃 2011-2012」。內容包括共15小時的「專業口述影像訓練工作坊」；16場讓完成培訓的學員實習的「口述影像電影欣賞會」；由台灣口述影像專家趙雅麗和創意香港助理總監馮永先生擔任主講嘉賓主持的「華語口述影像研討會」，邀請電影業界、視障人士服務團體及服務使用者參與，探討香港口述影像發展的未來發展方向；以及「香港電影口述影像發展計劃」閉幕禮暨《桃姐》口述影像電影欣賞會。
2011年–2016年	香港展能藝術會得到香港賽馬會慈善信託基金資助，開展為期五年的藝術通達計劃[06]，提供手語傳譯、劇場視形傳譯、通達字幕、口述影像和觸感圖製作等的服務[07]。
2013年	香港電台開播附有口述影像的節目《好聲好戲》，後改名為《光影無限LIKE》，於每月最後一個星期日的節目中，播放一齣附有口述影像的電影或舞台劇[08]。
2014年	香港展能藝術會與「西九大戲棚」合作，提供首個附口述影像的粵劇演出暨戲棚觸感導賞[09]。
2015年	香港口述影像協會成立[10]。
2016年	囂民集作成立[11]。
2016年	ViuTV播放首個附有口述影像的電視節目《暗中旅行》[12]。
2018年8月2日	香港首部預錄口述影像電影《逆流大叔》於戲院公映[13]。

01 "Media for All: Subtitling for the Deaf, Audio Description, and Sign Language" Aline Ramael, Pilar Orero and Jorge Diaz-Cintas des. Amsterdam: Rodopi. 2007, p.233.

02 同上 , p.234.

03 來源：香港展能藝術會網頁，
http://www.adahk.org.hk/uploads/adahk/201707/20170725_155918_J0v680KT60_f.pdf

04 來源：Art mate，2009 年，https://www.art-mate.net/doc/37401?name=%E5%85%A8%E6%B0%91%E4%B8%80%E4%BA%BA%E4%B8%80%E6%95%85%E4%BA%8B%E5%8A%87%E5%A0%B4%E7%B3%BB%E5%88%97+%E2%94%80+%E9%99%84%E8%A8%AD%E3%80%8C%E5%8A%87%E5%A0%B4%E8%A6%96%E5%BD%A2%E5%82%B3%E8%AD%AF%E3%80%8D%E5%8F%8A%E3%80%8C%E5%8F%A3%E8%BF%B0%E5%BD%B1%E5%83%8F%E3%80%8D%E3%80%8C%E4%B8%80%E4%BA%BA%E4%B8%80%E6%95%85%E4%BA%8B%E5%8A%87%E5%A0%B4%E3%80%8D%E6%BC%94%E5%87%BA%EF%BC%9A%E3%80%8A%E5%BE%85%E2%80%A7%E5%AE%9A%E3%80%8B

05 來源：香港盲人輔導會網頁，
https://www.hksb.org.hk/tc/annualDetail/45549/20102011/

06 來源：香港展能藝術會網頁，
http://www.adahk.org.hk/uploads/adahk/201707/20170725_155918_J0v680KT60_f.pdf

07 來源：藝術通達計劃網頁，
http://www.jcaasc.hk/?a=group&id=art_accessibility

08 來源：香港電台網頁，http://app3.rthk.hk/press/main.php?id=1407

09 來源：香港展能藝術會網頁，
http://www.adahk.org.hk/uploads/adahk/201707/20170725_155918_J0v680KT60_f.pdf

10 來源：香港口述影像協會網頁，http://audeahk.org.hk

11 來源：囂民集作 Facebook 網頁，https://zh-hk.facebook.com/thehumancommons/

12 來源：香港盲人輔導會網頁，https://www.hksb.org.hk/tc/newsDetail/1313980/%E5%85%A8%E6%B8%AF%E9%A6%96%E5%80%8B%E9%99%84%E5%8A%A0%E5%8F%A3%E8%BF%B0%E5%BD%B1%E5%83%8F%E4%B9%8B%E9%9B%BB%E8%A6%96%E7%AF%80%E7%9B%AEViuTV%E6%9A%97%E4%B8%AD%E6%97%85%E8%A1%8C/

13 來源：香港盲人輔導會網頁，https://www.hksb.org.hk/tc/search/%E9%80%86%E6%B5%81%E5%A4%A7%E5%8F%94

由香港盲人輔導會錄製口述影像聲道之 DVD 電影光碟
（截至 2019 年 6 月）

附設粵語口述影像聲道：

	推出年份	電影名稱
1	2010 年	《唐山大地震》
2	2012 年	《奪命金》
3	2012 年	《DIVA 華麗之後》
4	2013 年	《大上海》
5	2014 年	《救火英雄》
6	2016 年	《哪一天我們會飛》
7	2017 年	《點五步》
8	2017 年	《一念無明》
9	2019 年	《非同凡響》
10	2019 年	《翠絲》
11	2019 年	《逆流大叔》

附設粵語及普通話口述影像聲道：

	推出年份	電影名稱
1	2011 年	《單身男女》
2	2012 年	《桃姐》
3	2013 年	《葉問——終極一戰》
4	2013 年	《盲探》
5	2015 年	《單身男女 2》
6	2015 年	《衝鋒車》
7	2015 年	《五個小孩的校長》
8	2016 年	《危城》
9	2018 年	《以青春的名義》

由香港盲人輔導會錄製口述影像聲道之首輪電影

（截至 2019 年 6 月）

	推出年份	電影名稱
1	2018 年	《逆流大叔》
2	2018 年	《非同凡響》
3	2018 年	《翠絲》

書籍

《香港電影口述影像發展計劃 2011-2012》，香港：香港盲人輔導會訊息無障礙中心，二〇一二年六月。

黃振銳：《與我同行之口述影像入門》，香港：紅出版(青森文化)，二〇一八年七月。

趙雅麗：《言語世界的流動光影——口述影像的理論建構》，台灣：五南圖書出版股份有限公司，二〇〇二年一月。

Fryer, L. (2016). *An Introduction to Audio Description*. Routledge Taylor & Francis Group London and New York. (Kindle Edition).

Snyder, J. (2014). *The Visual Made Verbal: A Comprehensive Training Manual and Guide to the History and Applications of Audio Description*. Arlington VA: American Council of the Blind. (Kindle Edition).

文獻

Frazier, G. (1975). "The Autobiography of Miss Jane Pitman: An All-audio Adaptation of the Teleplay for the Blind and Visually Handicapped". Retrieved from https://www.acb.org/adp/docs/Gregory%20Frazier%20thesis.pdf [accessed 01.11.2018].

Mazur, I. & Chmiel, A. (2016) "Should Audio Description Reflect the Way Sighted Viewers Look at Films? Combining Eye-Tracking and Reception Study Data". In Matamala, A., Orero, P. (eds) *Researching Audio Description. Palgrave Studies in Translating and Interpreting* (P.97-121). London: Palgrave Macmillan.

Whitfield, M. & Fels, D. I. (2013) "Inclusive Design, Audio Description and Diversity of Theatre Experiences". *The Design Journal*, 16(2), 219-238.

Yeung, J. (2007) "Audio Description in the Chinese World". In Ramael A., Orero, P., Diaz-Cintas, J. (eds) *Media for All: Subtitling for the Deaf, Audio Description, and Sign Language* (P.231-244). Amsterdam: Rodopi.

網頁

英國政府網頁：https://www.legislation.gov.uk

香港盲人輔導會網頁：https://www.hksb.org.hk

香港展能藝術會網頁：http://www.adahk.org.hk

香港展能藝術會藝術通達計劃網頁：http://www.jcaasc.hk

香港電台網頁：http://app3.rthk.hk

聯邦通信委員會（Federal Communications Commission）：https://www.fcc.gov/

American Council of the Blind：https://www.acb.org

art-mate：https://www.art-mate.net

Audio Description Coalition：www.audiodescriptioncoalition.org

Media Access Canada：http://www.mediac.ca

Royal National Institute of Blind People：https://www.rnib.org.uk

鳴謝

感謝以下受訪者的無私分享：

義務口述影像服務顧問：

楊吉璽

訊息無障礙中心會員及家屬：

任博輝
何睿知
吳展堃
李啟德
李鳳儀
冼頌恩
林穎芝
金國強
張運澄
陳衍泓
陳祥榮
陳嘉康
游偉樂
黃清金
鄭惠琼
盧勁馳
謝靜儀
鄺美儀
關志偉

口述影像義工：

王家兒
李智慧
邱焱
梁浩達
梁嘉賢
彭晴
黃振銳
鄭晧文
賴子全
顏素茵
關恩慈
蘇曼玲

個別受訪者：

呂麗樺
李潁康
周小文
林偉斌
張婉婷
張敏儀
郭寶兒
麥佩雯
馮永
黃嗣輝
楊慧珊
劉健邦
鄭名輝
魏鳳書
譚美卿
Joel Snyder

除上述受訪者外，以下人士及機構亦在電影口述影像發展歷程中鼎力襄助：

方競生
任淑慧
利雅博
李敏
車淑梅
周淑芬
邱禮濤
張芷淇
陳記涵
陳詠燊
廖安麗
廖婉虹
劉天賜
劉慧瑜
蔡嘉欣
鄭徽
盧覓雪
關信輝

贊助口述影像服務計劃之機構：

商務及經濟發展局轄下之創意香港
（二〇一一—二〇一二）、
（二〇一五—二〇一六）

香港公益金
（二〇一二—二〇一七）

太古集團慈善信託基金
（二〇一七—二〇二〇）

協助籌款或捐款之機構：

中原地產
中原薈
香港尖東獅子會
香港愛樂盟扶輪社
香港葡萄酒評審協會
am730

支持口述影像的電影院線、
電影公司、
製作公司以及電視台：

大地電影有限公司
双喜電影發行（香港）有限公司
天下一集團
天下一電影發行有限公司
天馬電影出品（香港）有限公司
太陽娛樂文化有限公司
巴福斯影業有限公司
安樂影片有限公司
建達投資有限公司
星王朝有限公司
星空華文傳媒電影有限公司
星皓娛樂有限公司
星輝海外有限公司
英皇電影（香港）有限公司
香港電台
香港藝術中心
娛藝（UA）院線
娛藝電影發行
珠城錄像有限公司
高先電影有限公司
國際電影有限公司
許氏影業有限公司
博善廣識有限公司
喜鵲媒體有限公司
無限動力實業有限公司
傳真製作有限公司
電視廣播有限公司
嘉耀製作有限公司
寬銀幕電影工作室
寰宇娛樂有限公司
寰亞影視發行（香港）有限公司
橙天嘉禾娛樂集團
驕陽電影有限公司
Celestial Filmed
Entertainment Limited
China 3D Digital Distribution
Limited
CNEX 基金會
Concept Legend Limited
Intercontinental Film
Distributors (HK) Ltd
Spectrum Arts and
Design Consultants
ViuTV

感謝以下機構及人士
在本書編撰過程中大力協助：

洪懰持
徐美珊
商業電台
馮敬恩
楊麗琼
潘敏妮
寰亞影視發行（香港）有限公司
蘇美智
am730
Nick Savvides

十年來，與視障人士同行、為口述影像付出的義工、善長、有心人與熱心機構眾多，篇幅所限，未能一一盡錄……
沒有你們，就沒有今天的口述影像。

連接兩個世界的聲音

香港口述影像十年

責任編輯 | 寧礎鋒

書籍設計 | 曦成製本（陳曦成、焦泳琪）

書名 | 連接兩個世界的聲音——香港口述影像十年

策劃 | 香港盲人輔導會

著者 | 徐婉珊

出版 | 三聯書店（香港）有限公司
香港北角英皇道 499 號北角工業大廈 20 樓
Joint Publishing (H.K.) Co., Ltd.
20/F., North Point Industrial Building,
499 King's Road, North Point, Hong Kong

發行 | 香港聯合書刊物流有限公司
香港新界大埔汀麗路 36 號 3 字樓

印刷 | 美雅印刷製本有限公司
香港九龍觀塘榮業街六號四樓 A 室

版次 | 2019 年 7 月香港第一版第一次印刷

規格 | 大 32 開（140mm × 200mm）272 面

國際書號 | ISBN 978-962-04-4509-5

三聯書店
http://jointpublishing.com

JPBooks.Plus
http://jpbooks.plus

如想了解口述影像服務，可掃描以下 QR code，瀏覽香港盲人輔導會 YouTube Channel 的「訊息無障礙中心——口述影像服務」播放清單。清單包括電影預告片的口述影像版本、義工和視障會員的訪問片段以及口述影像教學影片（計劃於 2019 年年底推出）等等：

請支持

香港盲人輔導會

有關會務及捐款贊助

網址： www.hksb.org.hk
電話： +852 3723 8209
傳真： +852 2788 0040
電郵： crdo@hksb.org.hk

作者的版稅及收益，將撥入香港盲人輔導會作服務之用。受訪者之訪問內容，不代表機構立場。